全国"八五"普法 普法知识题集系列 17

煤矿安全生产

MEIKUANG ANQUAN SHENGCHAN

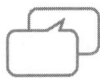 普法知识题集

PUFA ZHISHI TIJI

中国法制出版社
CHINA LEGAL PUBLISHING HOUSE

编辑说明

当前，我国已开启全面建设社会主义现代化国家新征程，进入新发展阶段。通过开展"八五"普法，使公民法治素养和社会治理法治化水平显著提升，形成全社会尊法学法守法用法的良好氛围。多层次多领域依法治理深入推进，全社会办事依法、遇事找法、解决问题用法、化解矛盾靠法的法治环境显著改善。

提升公民法治素养是全民普法的主要目标，也是全面依法治国的迫切要求，要突出重点对象，分层分类指导。实行公民终身法治教育制度，把法治教育纳入干部教育体系、国民教育体系、社会教育体系，不断提升全体公民法治意识和法治素养。坚持学用结合、普治并举。注重在立法、执法、司法和法律服务过程中开展实时普法，把普法深度融入立法、执法、司法和法律服务全过程，把普法融入法治实践、基层治理和日常生活。

为配合"八五"普法工作需要，我们组织编写了"普法知识题集系列丛书"。定位普法，覆盖公民、国家工作人员、领导干部、青少年、企业人员等，题型丰富、解析精准、难度适中，从试题角度为普法工作学习提供检验测试工具。丛书具有以下特点：

一、题型丰富。题型涵盖判断题、单选题、多选题、填空题、简答题，完备系统。

二、解析精准。习题均附有参考答案，解析有法律条文做依据，精准可靠。部分判断题、填空题的解析出于节省篇幅考虑，只列出答案和条文序号。

三、难度适中。习题设置避免难题、偏题、怪题,以突出应知应会和重点条文为出发点设置。

本丛书既适合机关、团体、学校、企业、事业单位等组织相关培训配套使用,也适合有学习需求的广大读者阅读。希望本丛书的出版能够有助于引导广大读者养成自觉守法的意识,形成遇事找法的习惯,培养解决问题靠法的意识和能力。为建设信仰法治、公平正义、保障权利、守法诚信、充满活力、和谐有序的社会主义法治社会贡献一份力量。

由于时间和水平有限,不足之处在所难免,敬请广大读者批评指正。

中国法制出版社

目录

一、煤矿安全生产条例 …………………………………… 1
    第一章　总　则 ………………………………………… 1
    第二章　煤矿企业的安全生产责任 …………………… 7
    第三章　煤矿安全生产监督管理 ……………………… 23
    第四章　煤矿安全监察 ………………………………… 30
    第五章　法律责任 ……………………………………… 37
    第六章　附　则 ………………………………………… 48
二、安全生产法 …………………………………………… 49
三、矿山安全法 …………………………………………… 76
四、煤炭法 ………………………………………………… 81
五、煤矿安全监察条例 …………………………………… 84
六、乡镇煤矿管理条例 …………………………………… 88
七、特种设备安全法 ……………………………………… 96
八、特种设备安全监察条例 ……………………………… 100
九、职业病防治法 ………………………………………… 103
十、劳动法 ………………………………………………… 111
十一、突发事件应对法 …………………………………… 119
十二、环境保护法 ………………………………………… 124
十三、刑　法 ……………………………………………… 132

一、煤矿安全生产条例

第一章 总 则

（一）判断题

1. 在中华人民共和国领域和中华人民共和国国有企业投资的煤矿的安全生产，适用《煤矿安全生产条例》。（　　）
2. 煤矿安全生产工作坚持中国共产党的领导。（　　）
3. 县级以上人民政府应当加强对煤矿安全生产工作的领导，建立健全工作协调机制，支持、督促各有关部门依法履行煤矿安全生产工作职责，及时协调、解决煤矿安全生产工作中的全部问题。（　　）
4. 县级以上人民政府负有煤矿安全生产监督管理职责的部门对煤矿安全生产实施监督管理，其他有关部门按照职责分工依法履行煤矿安全生产相关职责。（　　）
5. 国家鼓励和支持煤矿安全生产科学技术研究和煤矿安全生产先进技术、工艺的推广应用，提升煤矿智能化开采水平，推进煤矿安全生产的科学管理，提高安全生产水平。（　　）

（二）单项选择题

1. 煤矿安全生产工作实行管行业必须管安全、管业务必须管安全、管生产经营必须管安全，按照（　　），强化和落实安全生产责任。

A. 国家监察、地方监管、企业负责

B. 国家监督、地方监管、企业负责

C. 国家监管、地方监察、企业负责

D. 国家监察、地方监督、企业负责

2. 煤矿企业（　　）是本企业安全生产第一责任人，对本企业安全生产工作全面负责。

A. 负责人　　　　　　B. 法人代表

C. 全体股东　　　　　D. 主要负责人

3. 国家实行煤矿安全监察制度。国家矿山安全监察机构及其设在地方的矿山安全监察机构负责煤矿安全监察工作，依法对地方人民政府煤矿安全生产监督管理工作进行（　　）。

A. 监督管理　　　　　B. 监督检查

C. 检查管理　　　　　D. 监管检查

4. 国家实行煤矿生产安全事故责任（　　）制度。

A. 追究　　　　　　　B. 倒查

C. 调查　　　　　　　D. 追责

5. 国家矿山安全监察机构及其设在地方的矿山安全监察机构依法（　　）煤矿生产安全事故调查处理。

A. 组织和参与　　　　B. 组织或者参与

C. 组织　　　　　　　D. 参与

（三）多项选择题

1. 煤矿安全生产工作应当以人为本，坚持人民至上、生命至上，把保护人民生命安全摆在首位，贯彻安全发展理念，坚持（　　）的方针，从源头上防范化解重大安全风险。

A. 安全第一　　　　　　B. 预防为主
C. 综合治理　　　　　　D. 事后惩戒

2. 根据《煤矿安全生产条例》规定，下列说法正确的有：（　　）

   A. 县级以上人民政府负有煤矿安全生产监督管理职责的部门、国家矿山安全监察机构及其设在地方的矿山安全监察机构应当建立举报制度，公开举报电话、信箱或者电子邮件地址等网络举报平台

   B. 县级以上人民政府负有煤矿安全生产监督管理职责的部门、国家矿山安全监察机构及其设在地方的矿山安全监察机构受理有关煤矿安全生产的举报并依法及时处理；对需要由其他有关部门进行调查处理的，转交其他有关部门处理

   C. 任何单位和个人对事故隐患或者安全生产违法行为，有权向法律规定的部门和机构举报

   D. 举报事项经核查属实的，依法依规给予奖励

3. 国家矿山安全监察机构应当按照保障煤矿安全生产的要求，在国务院应急管理部门的指导下，依法及时拟订煤矿安全生产国家标准或者行业标准，并负责煤矿安全生产强制性国家标准的（　　）。

   A. 项目提出　　　　　　B. 组织起草
   C. 征求意见　　　　　　D. 技术审查

（四）填空题

1. 为了加强煤矿安全生产工作，____和____煤矿生产安全事

故，保障人民群众生命财产安全，制定《煤矿安全生产条例》。

2. 煤矿企业应当履行安全生产____责任，加强安全生产管理，建立健全并落实全员安全生产责任制和安全生产规章制度，加大对安全生产资金、物资、技术、人员的投入保障力度，改善安全生产条件，加强安全生产标准化、信息化建设，构建安全风险分级管控和隐患排查治理____预防机制，健全风险防范化解机制，提高安全生产水平，确保安全生产。

3. 国家矿山安全监察机构及其设在地方的矿山安全监察机构依法履行煤矿安全监察职责，不受任何单位和个人的____。

4. 煤矿企业从业人员有依法获得____保障的权利，并应当依法履行安全生产方面的义务。

参考答案

（一）判断题

1. ×，解析：根据《煤矿安全生产条例》第 2 条规定，在中华人民共和国领域和中华人民共和国管辖的其他海域内的煤矿安全生产，适用本条例。

2. √，解析：根据《煤矿安全生产条例》第 3 条第 1 款规定。

3. ×，解析：根据《煤矿安全生产条例》第 5 条规定，县级以上人民政府应当加强对煤矿安全生产工作的领导，建立健全工作协调机制，支持、督促各有关部门依法履行煤矿安全生产工作职责，及时协调、解决煤矿安全生产工作中的重大问题。

4. √，解析：根据《煤矿安全生产条例》第 6 条规定。

5. √，解析：根据《煤矿安全生产条例》第 12 条规定。

（二）单项选择题

1. A，解析：根据《煤矿安全生产条例》第3条第3款规定，煤矿安全生产工作实行管行业必须管安全、管业务必须管安全、管生产经营必须管安全，按照国家监察、地方监管、企业负责，强化和落实安全生产责任。

2. D，解析：根据《煤矿安全生产条例》第4条第2款规定，煤矿企业主要负责人（含实际控制人）是本企业安全生产第一责任人，对本企业安全生产工作全面负责。其他负责人对职责范围内的安全生产工作负责。

3. B，解析：根据《煤矿安全生产条例》第7条第1款规定，国家实行煤矿安全监察制度。国家矿山安全监察机构及其设在地方的矿山安全监察机构负责煤矿安全监察工作，依法对地方人民政府煤矿安全生产监督管理工作进行监督检查。

4. A，解析：根据《煤矿安全生产条例》第8条第1款规定，国家实行煤矿生产安全事故责任追究制度。对煤矿生产安全事故责任单位和责任人员，依照本条例和有关法律法规的规定追究法律责任。

5. B，解析：根据《煤矿安全生产条例》第8条第2款规定，国家矿山安全监察机构及其设在地方的矿山安全监察机构依法组织或者参与煤矿生产安全事故调查处理。

（三）多项选择题

1. ABC，解析：根据《煤矿安全生产条例》第3条第2款规定，煤矿安全生产工作应当以人为本，坚持人民至上、生命至上，把保护人民生命安全摆在首位，贯彻安全发展理念，坚持安全第一、预防为主、综合治理的方针，从源头上防范化解重大安全风险。

2. ABCD，解析：根据《煤矿安全生产条例》第9条规定，县级以上人民政府负有煤矿安全生产监督管理职责的部门、国家矿山安全监察机构及其设在地方的矿山安全监察机构应当建立举报制度，公开举报电话、信箱或者电子邮件地址等网络举报平台，受理有关煤矿安全生产的举报并依法及时处理；对需要由其他有关部门进行调查处理的，转交其他有关部门处理。任何单位和个人对事故隐患或者安全生产违法行为，有权向前款规定的部门和机构举报。举报事项经核查属实的，依法依规给予奖励。

3. ABCD，解析：根据《煤矿安全生产条例》第11条规定，国家矿山安全监察机构应当按照保障煤矿安全生产的要求，在国务院应急管理部门的指导下，依法及时拟订煤矿安全生产国家标准或者行业标准，并负责煤矿安全生产强制性国家标准的项目提出、组织起草、征求意见、技术审查。

（四）填空题

1. 防止；减少。(《煤矿安全生产条例》第1条)
2. 主体；双重。(《煤矿安全生产条例》第4条)
3. 干涉。(《煤矿安全生产条例》第7条)
4. 安全生产。(《煤矿安全生产条例》第10条)

第二章 煤矿企业的安全生产责任

（一）判断题

1. 煤矿企业应当遵守有关安全生产的法律法规以及煤矿安全规程，执行保障安全生产的企业标准。（   ）
2. 煤矿建设项目的安全设施设计需要作变更的，应当报原审查部门重新审查，不得先施工后报批，但可以边施工边修改。（   ）
3. 煤矿建设项目的建设单位应当对参与煤矿建设项目的设计、施工、监理等单位进行统一协调管理，对煤矿建设项目安全管理负总责。施工单位应当按照批准的安全设施设计施工，在特定情况下，可以变更设计内容。（   ）
4. 煤矿企业进行生产，应当依照《安全生产许可证条例》的规定取得安全生产许可证。未取得安全生产许可证的，不得生产。（   ）
5. 煤矿企业应当设置安全生产管理机构并配备专职或者兼职安全生产管理人员。（   ）
6. 煤矿企业特种作业人员经安全生产教育和培训合格，方可上岗作业。（   ）
7. 煤矿企业应当按照国家有关规定建立健全领导带班制度并严格考核。（   ）
8. 井工煤矿应当按矿井瓦斯等级选用相应的煤矿许用炸药和电雷管，爆破工作可以由兼职的爆破工承担。（   ）
9. 露天煤矿的采场及排土场边坡与重要建筑物、构筑物之间应

当留有足够的安全距离。（　　）

10. 煤矿企业必须设立专职救护队，发生事故时，专职救护队应当在规定时间内到达煤矿开展救援。（　　）

11. 煤矿企业应当建立健全事故隐患排查治理制度，采取技术、管理措施，及时发现并消除事故隐患。事故隐患排查治理情况应当如实记录，并不定期向从业人员通报。（　　）

12. 煤矿企业应当加强对所属煤矿的安全管理，定期对所属煤矿进行安全检查。（　　）

13. 煤矿企业应当及时足额安排安全生产费用等资金，确保符合安全生产要求。煤矿企业的决策机构、主要负责人对由于安全生产所必需的资金投入不足导致的后果承担责任。（　　）

（二）单项选择题

1. 煤矿企业应当配备（　　），建立健全并落实技术管理体系。
   A. 负责人　　　　　　B. 技术负责人
   C. 主要负责人　　　　D. 主要技术负责人

2. 对违章指挥和强令冒险作业的行为，煤矿企业从业人员有权拒绝并向县级以上地方人民政府负有煤矿安全生产监督管理职责的部门、所在地矿山安全监察机构（　　）。
   A. 汇报　　　　　　　B. 报告
   C. 控告　　　　　　　D. 举报

3. 对煤（岩）与瓦斯（二氧化碳）突出、高瓦斯、冲击地压、煤层容易自燃、水文地质类型复杂和极复杂的煤矿，还应当设立相应的专门防治机构,配备专职( )。

A. 工程师　　　　　　B. 副总工程师

C. 总工程师　　　　　D. 负责人

4. 井工煤矿企业的负责人和生产经营管理人员应当( )带班下井,并建立下井登记档案。

A. 交替　　　　　　　B. 依次

C. 轮流　　　　　　　D. 轮换

5. 煤矿企业使用的安全设备的设计、制造、安装、使用、检测、维修、改造和报废,应当符合( )。

A. 国家标准　　　　　B. 行业标准

C. 国家标准和行业标准　D. 国家标准或者行业标准

6. 煤矿企业应当依法制定生产安全事故应急救援预案,与所在地( )组织制定的生产安全事故应急救援预案相衔接,并定期组织演练。

A. 市级人民政府

B. 县级人民政府

C. 市级以上地方人民政府

D. 县级以上地方人民政府

7. 正常生产煤矿因地质、生产技术条件、采煤方法或者工艺等发生变化导致生产能力发生( )的,应当依法重新核定其生产能力。

A. 变化　　　　　　　B. 较大变化

C. 重大变化　　　　　D. 特别重大变化

8. 重大事故隐患排查治理情况的书面报告经煤矿企业负责人签字后,( )报县级以上地方人民政府负有煤矿安全生产监督管理职责的部门和所在地矿山安全监察机构。

A. 每周　　　　　　B. 每月
C. 每季度　　　　　D. 每年

9. 煤矿企业及其有关人员对县级以上人民政府负有煤矿安全生产监督管理职责的部门、国家矿山安全监察机构及其设在地方的矿山安全监察机构依法履行职责,应当予以（　　）,按照要求如实提供有关情况,不得隐瞒或者拒绝、阻挠。

A. 配合　　　　　　B. 协助
C. 支持　　　　　　D. 帮助

（三）多项选择题

1. 煤矿建设项目安全设施设计应当包括煤矿水、火、（　　）等主要灾害的防治措施,符合国家标准或者行业标准的要求,并报省、自治区、直辖市人民政府负有煤矿安全生产监督管理职责的部门审查。

A. 瓦斯　　　　　　B. 冲击地压
C. 煤尘　　　　　　D. 顶板

2. 下列哪些属于煤矿企业主要负责人对本企业安全生产工作负有的职责？（　　）

A. 建立健全并落实全员安全生产责任制,加强安全生产标准化建设

B. 组织制定并实施安全生产规章制度和作业规程、操作规程

C. 组织制定并实施安全生产教育和培训计划

D. 保证安全生产投入的有效实施

3. 下列哪些属于煤矿企业的安全生产管理机构和安全生产管理人员负有安全生产职责？（　　）

    A. 组织或者参与拟订安全生产规章制度、作业规程、操作规程和生产安全事故应急救援预案

    B. 组织或者参与安全生产教育和培训，如实记录安全生产教育和培训情况

    C. 组织开展安全风险辨识评估，督促落实重大安全风险管控措施

    D. 及时、如实报告煤矿生产安全事故

4. 煤矿企业应当为煤矿分别配备专职矿长、总工程师，分管（　　）的副矿长以及专业技术人员。

    A. 安全　　　　　　　B. 党组

    C. 生产　　　　　　　D. 机电

5. 根据《煤矿安全生产条例》规定，下列说法正确的有：（　　）

    A. 煤矿企业应当为从业人员提供符合企业标准的劳动防护用品，并监督、教育从业人员按照使用规则佩戴、使用

    B. 煤矿井下作业人员实行安全限员制度

    C. 煤矿企业应当依法制定井下工作时间管理制度

    D. 煤矿井下工作岗位可以使用劳务派遣用工

6. 煤矿企业应当建立安全设备台账和追溯、管理制度，对安全设备进行经常性维护、保养并定期检测，保证正常运转，对安全设备（　　）、保养、检测、维修、改造、报废等进行全流程记录并存档。

    A. 购置　　　　　　　B. 入库

C. 维护 D. 使用

7. 煤矿企业及其有关人员不得关闭、破坏直接关系生产安全的监控、报警、防护、救生设备、设施，或者（　　）其相关数据、信息，不得以任何方式影响其正常使用。

A. 瞒报 B. 篡改

C. 隐瞒 D. 销毁

8. 井工煤矿应当有符合煤矿安全规程和国家标准或者行业标准规定的安全出口、（　　）、供配电系统、运送人员装置和反映煤矿实际情况的图纸，并按照规定进行瓦斯等级、冲击地压、煤层自燃倾向性和煤尘爆炸性鉴定。

A. 独立通风系统 B. 安全监控系统

C. 防尘供水系统 D. 防灭火系统

9. 根据《煤矿安全生产条例》规定，下列说法正确的有：（　　）

A. 煤矿企业应当在依法确定的开采范围内进行生产，不得超层、越界开采

B. 采矿作业不得擅自开采保安煤柱

C. 采矿作业不得采用可能危及相邻煤矿生产安全的决水、爆破、贯通巷道等危险方法

D. 煤矿企业不得超能力、超强度或者超定员组织生产

10. 在煤矿进行石门揭煤、（　　）、火区密闭和启封、动火以及国家矿山安全监察机构规定的其他危险作业，应当采取专门安全技术措施，并安排专门人员进行现场安全管理。

A. 探放水 B. 巷道贯通

C. 清理煤仓 D. 强制放顶

（四）填空题

1. 新建、改建、扩建煤矿工程项目的建设单位应当委托具有____企业资质的设计单位进行安全设施设计。

2. 煤矿建设项目竣工投入生产或者使用前，应当由____负责组织对安全设施进行验收，并对验收结果负责；经验收____后，方可投入生产和使用。

3. 煤矿企业不得因从业人员拒绝违章指挥或者强令冒险作业而降低其____等待遇，无正当理由调整工作岗位，或者解除与其订立的____。

4. 煤矿企业主要负责人和安全生产管理人员应当通过安全生产知识和____考核，并____保持相应水平和能力。

5. 煤矿企业不得使用应当淘汰的____的设备、工艺，具体目录由国家矿山安全____机构制定并公布。

6. 煤矿的采煤、掘进、机电、运输、通风、排水、排土等主要____和防瓦斯、防煤（岩）与瓦斯（二氧化碳）突出、防冲击地压、防火、防治水、防尘、防热害、防滑坡、监控与通讯等____，应当符合煤矿安全规程和国家标准或者行业标准规定的管理和技术要求。

7. 煤矿企业应当____对露天煤矿进行边坡稳定性评价，评价范围应当涵盖露天煤矿所有边坡。达不到边坡稳定要求时，应当修改采矿设计或者采取安全措施，同时加强边坡____工作。

8. 县级以上地方人民政府及其有关部门不得要求不具备____条件的煤矿企业进行生产。

9. 煤矿企业应当按照煤矿灾害程度和类型实施灾害治理，编制_____灾害预防和处理计划，并根据具体情况及时修改。
10. 煤矿企业应当建立安全风险分级管控制度，开展安全风险_____评估，按照安全风险分级采取相应的_____措施。
11. 对县级以上人民政府负有煤矿安全生产监督管理职责的部门、国家矿山安全监察机构及其设在地方的矿山安全监察机构查处的事故隐患，煤矿企业应当立即进行_____，并按照要求_____整改结果。

（五）简答题

1. 煤矿企业主要负责人对本企业安全生产工作负有的职责有哪些？
2. 煤矿企业的安全生产管理机构和安全生产管理人员负有的安全生产职责有哪些？
3. 煤矿企业从业人员负有的安全生产职责有哪些？
4. 煤矿开采应当编制专项设计的情形有哪些？
5. 煤矿企业开采煤矿时，属于重大事故隐患的情形有哪些？

参考答案

（一）判断题

1. ×，解析：根据《煤矿安全生产条例》第13条规定，煤矿企业应当遵守有关安全生产的法律法规以及煤矿安全规程，执行保障安全生产的国家标准或者行业标准。
2. ×，解析：根据《煤矿安全生产条例》第14条第2款规定，安全设施设计应当包括煤矿水、火、瓦斯、冲击地压、煤尘、顶板等主要灾害的防治措施，符合国家标准或者行业标准的要求，并报省、自治区、直辖市人民政府负有煤矿安全生产监督管理职责的部门审查。安全设施设计需要作重大变更的，应当报原审查部门重新审查，不得先施工后报批、边施工边修改。

3. ×，解析：根据《煤矿安全生产条例》第15条规定，煤矿建设项目的建设单位应当对参与煤矿建设项目的设计、施工、监理等单位进行统一协调管理，对煤矿建设项目安全管理负总责。施工单位应当按照批准的安全设施设计施工，不得擅自变更设计内容。

4. √，解析：根据《煤矿安全生产条例》第17条规定。

5. ×，解析：根据《煤矿安全生产条例》第19条规定，煤矿企业应当设置安全生产管理机构并配备专职安全生产管理人员。

6. ×，解析：根据《煤矿安全生产条例》第21条第2款规定，煤矿企业从业人员经安全生产教育和培训合格，方可上岗作业。煤矿企业特种作业人员应当按照国家有关规定经专门的安全技术培训和考核合格，并取得相应资格。

7. √，解析：根据《煤矿安全生产条例》第23条规定。

8. ×，解析：根据《煤矿安全生产条例》第27条第2款规定，井工煤矿应当按矿井瓦斯等级选用相应的煤矿许用炸药和电雷管，爆破工作由专职爆破工承担。

9. √，解析：根据《煤矿安全生产条例》第28条第1款规定。

10. ×，解析：根据《煤矿安全生产条例》第29条第2款规定，煤矿企业应当设立专职救护队；不具备设立专职救护队条件的，应当设立兼职救护队，并与邻近的专职救护队签订救护协议。发生事故时，专职救护队应当在规定时间内到达煤矿开展救援。

11. ×，解析：根据《煤矿安全生产条例》第35条第2款规定，煤矿企业应当建立健全事故隐患排查治理制度，采取技术、管理措施，及时发现并消除事故隐患。事故隐患排查治理情况应当如实记录，并定期向从业人员通报。重大事故隐患排查治理情况的书面报告经煤矿企业负责人签字后，每季度报县级以上地方人民政府负有煤矿安全生产监督管理职责的部门和所在地矿山安全监察机构。

12. √，解析：根据《煤矿安全生产条例》第35条第3款规定。

13. √，解析：根据《煤矿安全生产条例》第38条规定。

（二）单项选择题

1. D，解析：根据《煤矿安全生产条例》第19条第2款规定，煤矿企业应当配备主要技术负责人，建立健全并落实技术管理体系。

2. B，解析：根据《煤矿安全生产条例》第20条第2款规定，对违章指挥和强令冒险作业的行为，煤矿企业从业人员有权拒绝并向县级以上地方人民政府负有煤矿安全生产监督管理职责的部门、所在地矿山安全监察机构报告。

3. B，解析：根据《煤矿安全生产条例》第22条第2款规定，对煤（岩）与瓦斯（二氧化碳）突出、高瓦斯、冲击地压、煤层容易自燃、水文地质类型复杂和极复杂的煤矿，还应当设立相应的专门防治机构，配备专职副总工程师。

4. C，解析：根据《煤矿安全生产条例》第23条第2款规定，井工煤矿企业的负责人和生产经营管理人员应当轮流带班下井，并建立下井登记档案。

5. D，解析：根据《煤矿安全生产条例》第25条第1款规定，煤矿企业使用的安全设备的设计、制造、安装、使用、检测、维修、改造和报废，应当符合国家标准或者行业标准。

6. D，解析：根据《煤矿安全生产条例》第29条第1款规定，煤矿企业应当依法制定生产安全事故应急救援预案，与所在地县级以上地方人民政府组织制定的生产安全事故应急救援预案相衔接，并定期组织演练。

7. B，解析：根据《煤矿安全生产条例》第31条第1款规定，煤矿企业不得超能力、超强度或者超定员组织生产。正常生产煤矿因地质、生产技术条件、采煤方法或者工艺等发生变化导致生产能力发生较大变化的,应当依法重新核定其生产能力。

8. C,解析:根据《煤矿安全生产条例》第 35 条第 2 款规定,煤矿企业应当建立健全事故隐患排查治理制度,采取技术、管理措施,及时发现并消除事故隐患。事故隐患排查治理情况应当如实记录,并定期向从业人员通报。重大事故隐患排查治理情况的书面报告经煤矿企业负责人签字后,每季度报县级以上地方人民政府负有煤矿安全生产监督管理职责的部门和所在地矿山安全监察机构。

9. A,解析:根据《煤矿安全生产条例》第 37 条第 1 款规定,煤矿企业及其有关人员对县级以上人民政府负有煤矿安全生产监督管理职责的部门、国家矿山安全监察机构及其设在地方的矿山安全监察机构依法履行职责,应当予以配合,按照要求如实提供有关情况,不得隐瞒或者拒绝、阻挠。

(三)多项选择题

1. ABCD,解析:根据《煤矿安全生产条例》第 14 条第 2 款规定,安全设施设计应当包括煤矿水、火、瓦斯、冲击地压、煤尘、顶板等主要灾害的防治措施,符合国家标准或者行业标准的要求,并报省、自治区、直辖市人民政府负有煤矿安全生产监督管理职责的部门审查。安全设施设计需要作重大变更的,应当报原审查部门重新审查,不得先施工后报批、边施工边修改。

2. ABCD,解析:根据《煤矿安全生产条例》第 18 条规定,煤矿企业主要负责人对本企业安全生产工作负有下列职责:(1)建立健全并落实全员安全生产责任制,加强安全生产标准化建设;(2)组织制定并实施安全生产规章制度和作业规程、操作规程;(3)组织制定并实施安全生产教育和培训计划;(4)保证安全生产投入的有效实施;(5)组织建立并落实安全风险分级管控和隐患排查治理双重预防工作机制,督促、检查安全生产工作,及时消除事故隐患;(6)组织制定并实施生产安全事故应急救援预案;(7)及时、如实报告煤矿生产安全事故。

3. ABC，解析：根据《煤矿安全生产条例》第19条第1款规定，煤矿企业应当设置安全生产管理机构并配备专职安全生产管理人员。安全生产管理机构和安全生产管理人员负有下列安全生产职责：(1) 组织或者参与拟订安全生产规章制度、作业规程、操作规程和生产安全事故应急救援预案；(2) 组织或者参与安全生产教育和培训，如实记录安全生产教育和培训情况；(3) 组织开展安全生产法律法规宣传教育；(4) 组织开展安全风险辨识评估，督促落实重大安全风险管控措施；(5) 制止和纠正违章指挥、强令冒险作业、违反规程的行为，发现威胁安全的紧急情况时，有权要求立即停止危险区域内的作业，撤出作业人员；(6) 检查安全生产状况，及时排查事故隐患，对事故隐患排查治理情况进行统计分析，提出改进安全生产管理的建议；(7) 组织或者参与应急救援演练；(8) 督促落实安全生产整改措施。

4. ACD，解析：根据《煤矿安全生产条例》第22条第1款规定，煤矿企业应当为煤矿分别配备专职矿长、总工程师，分管安全、生产、机电的副矿长以及专业技术人员。

5. BC，解析：根据《煤矿安全生产条例》第24条规定，煤矿企业应当为从业人员提供符合国家标准或者行业标准的劳动防护用品，并监督、教育从业人员按照使用规则佩戴、使用。煤矿井下作业人员实行安全限员制度。煤矿企业应当依法制定井下工作时间管理制度。煤矿井下工作岗位不得使用劳务派遣用工。

6. ABCD，解析：根据《煤矿安全生产条例》第25条第2款规定，煤矿企业应当建立安全设备台账和追溯、管理制度，对安全设备进行经常性维护、保养并定期检测，保证正常运转，对安全设备购置、入库、使用、维护、保养、检测、维修、改造、报废等进行全流程记录并存档。

7. BCD，解析：根据《煤矿安全生产条例》第26条第2款规定，煤矿企业及其有关人员不得关闭、破坏直接关系生产安全的监控、报警、防护、救生设备、设施，或者篡改、隐瞒、销毁其相关数据、信息，不得以任何方式影响其正常使用。

8. ABCD，解析：根据《煤矿安全生产条例》第27条第1款规定，井工煤矿应当有符合煤矿安全规程和国家标准或者行业标准规定的安全出口、独立通风系统、安全监控系统、防尘供水系统、防灭火系统、供配电系统、运送人员装置和反映煤矿实际情况的图纸，并按照规定进行瓦斯等级、冲击地压、煤层自燃倾向性和煤尘爆炸性鉴定。

9. ABCD，解析：根据《煤矿安全生产条例》第30条规定，煤矿企业应当在依法确定的开采范围内进行生产，不得超层、越界开采。采矿作业不得擅自开采保安煤柱，不得采用可能危及相邻煤矿生产安全的决水、爆破、贯通巷道等危险方法。根据《煤矿安全生产条例》第31条第1款规定，煤矿企业不得超能力、超强度或者超定员组织生产。正常生产煤矿因地质、生产技术条件、采煤方法或者工艺等发生变化导致生产能力发生较大变化的，应当依法重新核定其生产能力。

10. ABCD，解析：根据《煤矿安全生产条例》第34条规定，在煤矿进行石门揭煤、探放水、巷道贯通、清理煤仓、强制放顶、火区密闭和启封、动火以及国家矿山安全监察机构规定的其他危险作业，应当采取专门安全技术措施，并安排专门人员进行现场安全管理。

(四) 填空题

1. 建设工程设计。(《煤矿安全生产条例》第14条)
2. 建设单位；合格。(《煤矿安全生产条例》第16条)
3. 工资、福利；劳动合同。(《煤矿安全生产条例》第20条)
4. 管理能力；持续。(《煤矿安全生产条例》第21条)
5. 危及生产安全；监察。(《煤矿安全生产条例》第25条)

6. 生产系统；安全设施。(《煤矿安全生产条例》第 26 条)
7. 定期；监测。(《煤矿安全生产条例》第 28 条)
8. 安全生产。(《煤矿安全生产条例》第 31 条)
9. 年度。(《煤矿安全生产条例》第 32 条)
10. 辨识；管控。(《煤矿安全生产条例》第 35 条)
11. 整改；报告。(《煤矿安全生产条例》第 37 条)

(五) 简答题

1. 答：根据《煤矿安全生产条例》第 18 条规定，煤矿企业主要负责人对本企业安全生产工作负有下列职责：
(1) 建立健全并落实全员安全生产责任制，加强安全生产标准化建设；
(2) 组织制定并实施安全生产规章制度和作业规程、操作规程；
(3) 组织制定并实施安全生产教育和培训计划；
(4) 保证安全生产投入的有效实施；
(5) 组织建立并落实安全风险分级管控和隐患排查治理双重预防工作机制，督促、检查安全生产工作，及时消除事故隐患；
(6) 组织制定并实施生产安全事故应急救援预案；
(7) 及时、如实报告煤矿生产安全事故。

2. 答：根据《煤矿安全生产条例》第 19 条第 1 款规定，煤矿企业应当设置安全生产管理机构并配备专职安全生产管理人员。安全生产管理机构和安全生产管理人员负有下列安全生产职责：
(1) 组织或者参与拟订安全生产规章制度、作业规程、操作规程和生产安全事故应急救援预案；
(2) 组织或者参与安全生产教育和培训，如实记录安全生产教育和培训情况；
(3) 组织开展安全生产法律法规宣传教育；
(4) 组织开展安全风险辨识评估，督促落实重大安全风险管控措施；

（5）制止和纠正违章指挥、强令冒险作业、违反规程的行为，发现威胁安全的紧急情况时，有权要求立即停止危险区域内的作业，撤出作业人员；

（6）检查安全生产状况，及时排查事故隐患，对事故隐患排查治理情况进行统计分析，提出改进安全生产管理的建议；

（7）组织或者参与应急救援演练；

（8）督促落实安全生产整改措施。

3. 答：根据《煤矿安全生产条例》第20条第1款规定，煤矿企业从业人员负有下列安全生产职责：

（1）遵守煤矿企业安全生产规章制度和作业规程、操作规程，严格落实岗位安全责任；

（2）参加安全生产教育和培训，掌握本职工作所需的安全生产知识，提高安全生产技能，增强事故预防和应急处理能力；

（3）及时报告发现的事故隐患或者其他不安全因素。

4. 答：根据《煤矿安全生产条例》第33条规定，煤矿开采有下列情形之一的，应当编制专项设计：

（1）有煤（岩）与瓦斯（二氧化碳）突出的；

（2）有冲击地压危险的；

（3）开采需要保护的建筑物、水体、铁路下压煤或者主要井巷留设煤柱的；

（4）水文地质类型复杂、极复杂或者周边有老窑采空区的；

（5）开采容易自燃和自燃煤层的；

（6）其他需要编制专项设计的。

5. 答：根据《煤矿安全生产条例》第36条规定，煤矿企业有下列情形之一的，属于重大事故隐患，应当立即停止受影响区域生产、建设，并及时消除事故隐患：

（1）超能力、超强度或者超定员组织生产的；

（2）瓦斯超限作业的；

（3）煤（岩）与瓦斯（二氧化碳）突出矿井未按照规定实施防突措施的；

（4）煤（岩）与瓦斯（二氧化碳）突出矿井、高瓦斯矿井未按照规定建立瓦斯抽采系统，或者系统不能正常运行的；

（5）通风系统不完善、不可靠的；

（6）超层、越界开采的；

（7）有严重水患，未采取有效措施的；

（8）有冲击地压危险，未采取有效措施的；

（9）自然发火严重，未采取有效措施的；

（10）使用应当淘汰的危及生产安全的设备、工艺的；

（11）未按照规定建立监控与通讯系统，或者系统不能正常运行的；

（12）露天煤矿边坡角大于设计最大值或者边坡发生严重变形，未采取有效措施的；

（13）未按照规定采用双回路供电系统的；

（14）新建煤矿边建设边生产，煤矿改扩建期间，在改扩建的区域生产，或者在其他区域的生产超出设计规定的范围和规模的；

（15）实行整体承包生产经营后，未重新取得或者及时变更安全生产许可证而从事生产，或者承包方再次转包，以及将井下采掘工作面和井巷维修作业外包的；

（16）改制、合并、分立期间，未明确安全生产责任人和安全生产管理机构，或者在完成改制、合并、分立后，未重新取得或者及时变更安全生产许可证等的；

（17）有其他重大事故隐患的。

第三章　煤矿安全生产监督管理

（一）判断题

1. 市级以上人民政府应当按照分级分类监管的原则，明确煤矿企业的安全生产监管主体。（　　）
2. 县级以上人民政府对未依法取得安全生产许可证等擅自进行煤矿生产的，应当依法查处。（　　）
3. 省、自治区、直辖市人民政府负有煤矿安全生产监督管理职责的部门应当加强对建设单位安全设施验收活动和验收结果的监督核查。（　　）
4. 煤矿安全生产年度监督检查计划应当抄送所在地县级以上人民政府相关主管部门。（　　）
5. 县级以上地方人民政府负有煤矿安全生产监督管理职责的部门应当加强对煤矿安全生产技术服务机构的监管。（　　）

（二）单项选择题

1. 省、自治区、直辖市人民政府负有煤矿安全生产监督管理职责的部门审查煤矿建设项目安全设施设计，应当自受理之日起（　　）日内审查完毕，签署同意或者不同意的意见，并书面答复。

    A. 15　　　　　　　　B. 20
    C. 30　　　　　　　　D. 60

2. 县级以上地方人民政府负有煤矿安全生产监督管理职责的部门应当编制煤矿安全生产（　　）监督检查计划，并按照计划进行监督检查。

A. 月度　　　　　　　B. 季度

C. 半年度　　　　　　D. 年度

3. 县级以上地方人民政府负有煤矿安全生产监督管理职责的部门依法对煤矿企业进行监督检查，并将（　　）作为监督检查重点内容。

A. 组织制定并实施安全生产教育和培训计划

B. 煤矿现场安全生产状况

C. 组织制定并实施生产安全事故应急救援预案

D. 组织开展安全生产法律法规宣传教育

4. 县级以上地方人民政府负有煤矿安全生产监督管理职责的部门对被责令停产整顿或者关闭的煤矿企业，应当在（　　）个工作日内向社会公告；对被责令停产整顿的煤矿企业经验收合格恢复生产的，应当自恢复生产之日起（　　）个工作日内向社会公告。

A. 5；5　　　　　　　B. 5；10

C. 10；5　　　　　　 D. 10；10

（三）多项选择题

1. 县级以上地方人民政府负有煤矿安全生产监督管理职责的部门依法对煤矿企业进行监督检查可以采取的措施有：（　　）

A. 进入煤矿企业进行检查，重点检查一线生产作业场所，调阅有关资料，向有关单位和人员了解情况

B. 对检查中发现的安全生产违法行为，当场予以纠正或者要求限期改正

C. 对检查中发现的事故隐患，应当责令立即排除；重大事故隐患排除前或者排除过程中无法保证安全的，应当责令从危险区域内撤出作业人员，责令暂时停产或者停止使用相关设施、设备

D. 对有根据认为不符合保障安全生产的国家标准或者行业标准的设施、设备、器材予以查封或者扣押

2. 承担安全（　　）等职责的煤矿安全生产技术服务机构应当依照有关法律法规和国家标准或者行业标准的规定开展安全生产技术服务活动，并对出具的报告负责，不得租借资质、挂靠、出具虚假报告。

A. 评价　　　　　　　B. 认证
C. 检测　　　　　　　D. 检验

3. 根据《煤矿安全生产条例》规定，下列说法正确的有：（　　）

A. 对被责令停产整顿的煤矿企业，在停产整顿期间，有关地方人民政府应当采取有效措施进行监督检查

B. 煤矿企业有安全生产违法行为或者重大事故隐患依法被责令停产整顿的，应当制定整改方案并进行整改

C. 煤矿企业整改结束后要求恢复生产的，县级以上地方人民政府负有煤矿安全生产监督管理职责的部门应当组织验收，并在收到恢复生产申请之日起30日内组织验收完毕

D. 煤矿企业整改验收合格的，经市级以上地方人民政府负有煤矿安全生产监督管理职责的部门主要负责人签字，并经所在地矿山安全监察机构审核同意，报本级人民政

府主要负责人批准后，方可恢复生产

（四）填空题

1. 煤矿安全生产实行地方党政领导干部安全生产责任制，强化煤矿安全生产____管理。

2. 乡镇人民政府在所辖区域内发现未依法取得____等擅自进行煤矿生产的，应当采取有效措施制止，并向县级人民政府相关主管部门报告。

3. 省、自治区、直辖市人民政府负有煤矿安全生产监督管理职责的部门负责煤矿企业安全生产许可证的____和____，并接受国家矿山安全监察机构及其设在地方的矿山安全监察机构的监督。

4. 县级以上地方人民政府负有煤矿安全生产监督管理职责的部门应当将重大事故隐患纳入相关____系统，建立健全重大事故隐患治理____制度，督促煤矿企业消除重大事故隐患。

5. 县级以上人民政府及其有关部门对存在安全生产失信行为的煤矿企业、煤矿安全生产技术服务机构及有关从业人员，依法依规实施失信____。

（五）简答题

县级以上地方人民政府负有煤矿安全生产监督管理职责的部门对煤矿企业进行监督检查可以采用哪些措施？

一、煤矿安全生产条例

参考答案

（一）判断题

1. ×，解析：根据《煤矿安全生产条例》第40条第1款规定，省、自治区、直辖市人民政府应当按照分级分类监管的原则，明确煤矿企业的安全生产监管主体。
2. ×，解析：根据《煤矿安全生产条例》第40条第2款规定，县级以上人民政府相关主管部门对未依法取得安全生产许可证等擅自进行煤矿生产的，应当依法查处。
3. √，解析：根据《煤矿安全生产条例》第41条第2款规定。
4. ×，解析：根据《煤矿安全生产条例》第43条第2款规定，煤矿安全生产年度监督检查计划应当抄送所在地矿山安全监察机构。
5. √，解析：根据《煤矿安全生产条例》第46条第1款规定。

（二）单项选择题

1. C，解析：根据《煤矿安全生产条例》第41条第1款规定，省、自治区、直辖市人民政府负有煤矿安全生产监督管理职责的部门审查煤矿建设项目安全设施设计，应当自受理之日起30日内审查完毕，签署同意或者不同意的意见，并书面答复。
2. D，解析：根据《煤矿安全生产条例》第43条第1款规定，县级以上地方人民政府负有煤矿安全生产监督管理职责的部门应当编制煤矿安全生产年度监督检查计划，并按照计划进行监督检查。
3. B，解析：根据《煤矿安全生产条例》第44条第1款规定，县级以上地方人民政府负有煤矿安全生产监督管理职责的部门依法对煤矿企业进行监督检查，并将煤矿现场安全生产状况作为监督检查重点内容。
4. A，解析：根据《煤矿安全生产条例》第49条规定，县级以上地方人民政府负有煤矿安全生产监督管理职责的部门对被责令停产整顿或者关闭的煤矿企业，应当在5个工作日内向社会公告；对被责令停产整顿的煤矿企业经验收合格恢复生产的，应当自恢复生产之日起5个工作日内向社会公告。

（三）多项选择题

1. ABCD，解析：根据《煤矿安全生产条例》第44条第1款规定，县级以上地方人民政府负有煤矿安全生产监督管理职责的部门依法对煤矿企业进行监督检查，并将煤矿现场安全生产状况作为监督检查重点内容。监督检查可以采取以下措施：（1）进入煤矿企业进行检查，重点检查一线生产作业场所，调阅有关资料，向有关单位和人员了解情况；（2）对检查中发现的安全生产违法行为，当场予以纠正或者要求限期改正；（3）对检查中发现的事故隐患，应当责令立即排除；重大事故隐患排除前或者排除过程中无法保证安全的，应当责令从危险区域内撤出作业人员，责令暂时停产或者停止使用相关设施、设备；（4）对有根据认为不符合保障安全生产的国家标准或者行业标准的设施、设备、器材予以查封或者扣押。

2. ABCD，解析：根据《煤矿安全生产条例》第46条第2款规定，承担安全评价、认证、检测、检验等职责的煤矿安全生产技术服务机构应当依照有关法律法规和国家标准或者行业标准的规定开展安全生产技术服务活动，并对出具的报告负责，不得租借资质、挂靠、出具虚假报告。

3. AB，解析：根据《煤矿安全生产条例》第48条规定，对被责令停产整顿的煤矿企业，在停产整顿期间，有关地方人民政府应当采取有效措施进行监督检查。煤矿企业有安全生产违法行为或者重大事故隐患依法被责令停产整顿的，应当制定整改方案并进行整改。整改结束后要求恢复生产的，县级以上地方人民政府负有煤矿安全生产监督管理职责的部门应当组织验收，并在收到恢复生产申请之日起20日内组织验收完毕。验收合格的，经本部门主要负责人签字，并经所在地矿山安全监察机构审核同意，报本级人民政府主要负责人批准后，方可恢复生产。

（四）填空题

1. 属地。（《煤矿安全生产条例》第39条）
2. 安全生产许可证。（《煤矿安全生产条例》第40条）
3. 颁发；管理。（《煤矿安全生产条例》第42条）
4. 信息；督办。（《煤矿安全生产条例》第45条）
5. 惩戒。（《煤矿安全生产条例》第47条）

（五）简答题

答：根据《煤矿安全生产条例》第44条规定，县级以上地方人民政府负有煤矿安全生产监督管理职责的部门依法对煤矿企业进行监督检查，并将煤矿现场安全生产状况作为监督检查重点内容。监督检查可以采取以下措施：

（1）进入煤矿企业进行检查，重点检查一线生产作业场所，调阅有关资料，向有关单位和人员了解情况；

（2）对检查中发现的安全生产违法行为，当场予以纠正或者要求限期改正；

（3）对检查中发现的事故隐患，应当责令立即排除；重大事故隐患排除前或者排除过程中无法保证安全的，应当责令从危险区域内撤出作业人员，责令暂时停产或者停止使用相关设施、设备；

（4）对有根据认为不符合保障安全生产的国家标准或者行业标准的设施、设备、器材予以查封或者扣押。监督检查不得影响煤矿企业的正常生产经营活动。

第四章 煤矿安全监察

（一）判断题

1. 县级以上地方人民政府应当配合和接受国家矿山安全监察机构及其设在地方的矿山安全监察机构的监督检查，及时落实监察意见和建议。（　　）
2. 矿山安全监察人员履行煤矿安全监察职责，应当出示执法证件。（　　）
3. 国家矿山安全监察机构及其设在地方的矿山安全监察机构发现煤矿企业存在应当由其他部门处理的违法行为的，应当及时移送有关部门处理。（　　）
4. 国家矿山安全监察机构及其设在地方的矿山安全监察机构和市级以上人民政府有关部门应当建立信息共享、案件移送机制，加强协作配合。（　　）
5. 煤矿生产安全事故按照事故等级实行分级调查处理。（　　）
6. 重大事故、较大事故、一般事故由国家矿山安全监察机构及所在地市级人民政府主管部门依照《生产安全事故报告和调查处理条例》的规定组织调查处理。（　　）

（二）单项选择题

1. 国家矿山安全监察机构及其设在地方的矿山安全监察机构发现煤矿企业存在（　　）隐患责令停产整顿的，应当及时移送县级以上地方人民政府负有煤矿安全生产监督管理职责的部门处理并进行督办。

A. 一般事故　　　　B. 事故

C. 较大事故　　　　D. 重大事故

2. 煤矿企业应当按照国家矿山安全监察机构制定的安全生产电子数据规范联网并实时上传电子数据，对上传电子数据的（　　）负责。

A. 时效性、准确性和完整性

B. 真实性、准确性和完整性

C. 真实性、时效性和完整性

D. 真实性、准确性和时效性

3. 发生煤矿生产安全事故后，国家矿山安全监察机构及其设在地方的矿山安全监察机构应当根据事故等级和工作需要，派出工作组赶赴事故现场，（　　）事故发生地地方人民政府开展应急救援工作。

A. 支持配合　　　　B. 指挥领导

C. 指挥率领　　　　D. 指导配合

4. 特别重大事故由（　　）依照《生产安全事故报告和调查处理条例》的规定组织调查处理。

A. 国务院或者国务院授权有关部门

B. 国务院

C. 国务院授权有关部门

D. 省、自治区、直辖市人民政府

（三）多项选择题

1. 根据《煤矿安全生产条例》规定，下列说法正确的有：（　　）

A. 设在地方的矿山安全监察机构应当对所辖区域内煤矿安全生产实施监察；对事故多发地区，应当实施重点监察
B. 设在地方的矿山安全监察机构应当对所辖区域内煤矿安全生产实施全面监察；对事故多发地区，应当实施监察
C. 国家矿山安全监察机构根据实际情况，组织对全国煤矿安全生产的全面监察和重点监察
D. 国家矿山安全监察机构根据实际情况，组织对全国煤矿安全生产的全面监察或者重点监察

2. 根据《煤矿安全生产条例》规定，下列说法正确的有：（　　）

A. 国家矿山安全监察机构及其设在地方的矿山安全监察机构履行煤矿安全监察职责，有权进入煤矿作业场所进行检查
B. 国家矿山安全监察机构及其设在地方的矿山安全监察机构履行煤矿安全监察职责，有权参加煤矿企业安全生产会议
C. 国家矿山安全监察机构及其设在地方的矿山安全监察机构履行煤矿安全监察职责，有权审查煤矿企业财务支出明细
D. 国家矿山安全监察机构及其设在地方的矿山安全监察机构履行煤矿安全监察职责，有权向有关煤矿企业及人员了解情况

（四）填空题

1. 国家矿山安全监察机构及其设在地方的矿山安全监察机构应

当依法履行煤矿安全监察职责，对____以上地方人民政府煤矿安全生产监督管理工作加强监督检查，并及时向有关地方人民政府通报监督检查的情况，提出改善和加强煤矿安全生产工作的监察意见和建议，督促开展____隐患整改和复查。

2. 国家矿山安全监察机构及其设在地方的矿山安全监察机构发现煤矿现场存在事故隐患的，有权要求立即排除或者____排除；发现有违章指挥、强令冒险作业、违章作业以及其他安全生产违法行为的，有权立即纠正或者要求立即____作业；发现威胁安全的紧急情况时，有权要求立即停止危险区域内的作业并____作业人员。

3. 国家矿山安全监察机构及其设在地方的矿山安全监察机构应当加强煤矿安全生产信息化建设，运用信息化手段提升____水平。

4. 国家矿山安全监察机构及其设在地方的矿山安全监察机构依法对煤矿企业贯彻执行安全生产法律法规、煤矿安全规程以及保障安全生产的____或者____的情况进行监督检查，行使《煤矿安全生产条例》第44条规定的职权。

5. 发生煤矿生产安全事故后，煤矿企业及其负责人应当迅速采取有效措施组织____，并依照《生产安全事故报告和调查处理条例》的规定立即____向当地应急管理部门、负有煤矿安全生产监督管理职责的部门和所在地矿山安全监察机构报告。

（五）简答题

国家矿山安全监察机构及其设在地方的矿山安全监察机构对

县级以上地方人民政府煤矿安全生产监督管理工作进行监督检查，可以采取的方式有哪些？

参考答案

（一）判断题

1. √，解析：根据《煤矿安全生产条例》第50条第2款规定。
2. √，解析：根据《煤矿安全生产条例》第53条第3款规定。
3. √，解析：根据《煤矿安全生产条例》第55条规定。
4. ×，解析：根据《煤矿安全生产条例》第56条规定，国家矿山安全监察机构及其设在地方的矿山安全监察机构和县级以上人民政府有关部门应当建立信息共享、案件移送机制，加强协作配合。
5. √，解析：根据《煤矿安全生产条例》第60条第1款规定。
6. ×，解析：根据《煤矿安全生产条例》第60条第2款规定，特别重大事故由国务院或者国务院授权有关部门依照《生产安全事故报告和调查处理条例》的规定组织调查处理。重大事故、较大事故、一般事故由国家矿山安全监察机构及其设在地方的矿山安全监察机构依照《生产安全事故报告和调查处理条例》的规定组织调查处理。

（二）单项选择题

1. D，解析：根据《煤矿安全生产条例》第54条规定，国家矿山安全监察机构及其设在地方的矿山安全监察机构发现煤矿企业存在重大事故隐患责令停产整顿的，应当及时移送县级以上地方人民政府负有煤矿安全生产监督管理职责的部门处理并进行督办。
2. B，解析：根据《煤矿安全生产条例》第57条第2款规定，煤矿企业应当按照国家矿山安全监察机构制定的安全生产电子数据规范联网并实时上传电子数据，对上传电子数据的真实性、准确性和完整性负责。

3. D，解析：根据《煤矿安全生产条例》第 59 条规定，发生煤矿生产安全事故后，煤矿企业及其负责人应当迅速采取有效措施组织抢救，并依照《生产安全事故报告和调查处理条例》的规定立即如实向当地应急管理部门、负有煤矿安全生产监督管理职责的部门和所在地矿山安全监察机构报告。国家矿山安全监察机构及其设在地方的矿山安全监察机构应当根据事故等级和工作需要，派出工作组赶赴事故现场，指导配合事故发生地地方人民政府开展应急救援工作。

4. A，解析：根据《煤矿安全生产条例》第 60 条第 2 款规定，特别重大事故由国务院或者国务院授权有关部门依照《生产安全事故报告和调查处理条例》的规定组织调查处理。重大事故、较大事故、一般事故由国家矿山安全监察机构及其设在地方的矿山安全监察机构依照《生产安全事故报告和调查处理条例》的规定组织调查处理。

(三) 多项选择题

1. AD，解析：根据《煤矿安全生产条例》第 51 条规定，设在地方的矿山安全监察机构应当对所辖区域内煤矿安全生产实施监察；对事故多发地区，应当实施重点监察。国家矿山安全监察机构根据实际情况，组织对全国煤矿安全生产的全面监察或者重点监察。

2. ABD，解析：根据《煤矿安全生产条例》第 53 条第 1 款规定，国家矿山安全监察机构及其设在地方的矿山安全监察机构履行煤矿安全监察职责，有权进入煤矿作业场所进行检查，参加煤矿企业安全生产会议，向有关煤矿企业及人员了解情况。

(四) 填空题

1. 县级；重大事故。(《煤矿安全生产条例》第 50 条)
2. 限期；停止；撤出。(《煤矿安全生产条例》第 53 条)
3. 执法。(《煤矿安全生产条例》第 57 条)

4. 国家标准；行业标准。（《煤矿安全生产条例》第58条）

5. 抢救；如实。（《煤矿安全生产条例》第59条）

（五）简答题

答：根据《煤矿安全生产条例》第52条规定，国家矿山安全监察机构及其设在地方的矿山安全监察机构对县级以上地方人民政府煤矿安全生产监督管理工作进行监督检查，可以采取以下方式：

(1) 听取有关地方人民政府及其负有煤矿安全生产监督管理职责的部门工作汇报；

(2) 调阅、复制与煤矿安全生产有关的文件、档案、工作记录等资料；

(3) 要求有关地方人民政府及其负有煤矿安全生产监督管理职责的部门和有关人员就煤矿安全生产工作有关问题作出说明；

(4) 有必要采取的其他方式。

第五章 法律责任

(一) 判断题

1. 煤矿企业超越依法确定的开采范围采矿的,依照有关法律法规的规定予以处理。(　　)
2. 擅自开采保安煤柱或者采用可能危及相邻煤矿生产安全的决水、爆破、贯通巷道等危险方法进行采矿作业的,责令立即停止作业,没收违法所得;违法所得在 20 万元以上的,并处违法所得 2 倍以上 5 倍以下的罚款;没有违法所得或者违法所得不足 20 万元的,并处 20 万元以上 40 万元以下的罚款;造成损失的,依法承担赔偿责任。(　　)
3. 煤矿企业违反《煤矿安全生产条例》第 37 条第 1 款规定,隐瞒存在的事故隐患以及其他安全问题的,责令改正;拒不改正的,处 10 万元以上 20 万元以下的罚款;对其实际控制人处 1 万元以上 2 万元以下的罚款。(　　)

(二) 单项选择题

1. 未依法取得安全生产许可证等擅自进行煤矿生产的,应当责令立即停止生产,没收违法所得和开采出的煤炭以及采掘设备;违法所得在 10 万元以上的,并处违法所得 2 倍以上 5 倍以下的罚款;没有违法所得或者违法所得不足 10 万元的,并处(　　)的罚款。

　　A. 5 万元以上 10 万元以下
　　B. 10 万元以上 20 万元以下

C. 10万元以上30万元以下

D. 20万元以上50万元以下

2. 煤矿企业主要负责人未依法履行安全生产管理职责，导致发生煤矿生产安全事故的，依照规定处以罚款。下列关于罚款的数额说法正确的是：（　　）

A. 发生一般事故的，处上一年年收入50%的罚款

B. 发生较大事故的，处上一年年收入70%的罚款

C. 发生重大事故的，处上一年年收入90%的罚款

D. 发生特别重大事故的，处上一年年收入100%的罚款

3. 承担安全评价、认证、检测、检验等职责的煤矿安全生产技术服务机构有出具失实报告、租借资质、挂靠、出具虚假报告等情形的，对该机构及直接负责的主管人员和其他直接责任人员，应当依照《中华人民共和国安全生产法》有关规定予以处罚并追究相应责任。其主要负责人对重大、特别重大煤矿生产安全事故负有责任的，（　　）不得从事煤矿安全生产相关技术服务工作。

A. 2年内　　　　　　B. 5年内

C. 10年内　　　　　 D. 终身

（三）多项选择题

1. 煤矿企业（　　），责令限期改正，处10万元以上20万元以下的罚款；逾期未改正的，责令停产整顿，并处20万元以上50万元以下的罚款，对其直接负责的主管人员和其他直接责任人员处3万元以上5万元以下的罚款。

A. 未按照规定制定并落实全员安全生产责任制和领导带班

等安全生产规章制度的

B. 未按照规定为煤矿配备矿长等人员和机构，或者未按照规定设立救护队的

C. 违章指挥或者强令冒险作业、违反规程的

D. 未按照规定编制专项设计的

2. 发生煤矿生产安全事故，对负有责任的煤矿企业除要求其依法承担相应的赔偿等责任外，依照规定处以罚款。下列关于罚款的数额说法正确的是：（　　）

A. 发生一般事故的，处 50 万元以上 100 万元以下的罚款

B. 发生较大事故的，处 150 万元以上 200 万元以下的罚款

C. 发生重大事故的，处 500 万元以上 1000 万元以下的罚款

D. 发生特别重大事故的，处 1000 万元以上 2000 万元以下的罚款

3. 根据《煤矿安全生产条例》的规定，下列说法正确的有：（　　）

A. 煤矿企业的决策机构、主要负责人、其他负责人和安全生产管理人员未依法履行安全生产管理职责的，依照《中华人民共和国安全生产法》有关规定处罚并承担相应责任

B. 煤矿企业及其有关人员有瞒报、谎报事故等行为的，依照《中华人民共和国安全生产法》、《生产安全事故报告和调查处理条例》有关规定予以处罚

C. 有关地方人民政府及其应急管理部门、负有煤矿安全生产监督管理职责的部门和设在地方的矿山安全监察机构有瞒报、谎报事故等行为的，对负有责任的领导人员和

直接责任人员依法给予处分

D. 违反《煤矿安全生产条例》规定，构成犯罪的，依法追究刑事责任

4. 根据《煤矿安全生产条例》规定，下列哪些情形应依照《中华人民共和国安全生产法》有关规定予以处罚？（　　）

A. 煤矿建设项目没有安全设施设计的

B. 煤矿建设项目的安全设施设计未按照规定报经有关部门审查同意的

C. 煤矿建设项目的施工单位未按照批准的安全设施设计施工的

D. 煤矿建设项目竣工投入生产或者使用前，安全设施未经验收合格的

（四）填空题

1. 对存在重大事故隐患仍然进行生产的煤矿企业，责令停产整顿，明确整顿的＿＿＿、时间等具体要求，并处50万元以上200万元以下的罚款；对煤矿企业＿＿＿处3万元以上15万元以下的罚款。

2. 煤矿企业违反《煤矿安全生产条例》第44条第1款规定，擅自启封或者使用被＿＿＿、扣押的设施、设备、器材的，责令改正；拒不改正的，处＿＿＿的罚款；对其直接负责的主管人员和其他直接责任人员处1万元以上2万元以下的罚款。

3. 《煤矿安全生产条例》规定的行政处罚，由县级以上人民政府负有煤矿安全生产监督管理职责的部门和其他有关部门、国家矿山安全监察机构及其设在地方的矿山安全监察机构

按照职责____决定,对同一违法行为不得给予____以上罚款的行政处罚。对被责令停产整顿的煤矿企业,应当____安全生产许可证等。对违反《煤矿安全生产条例》规定的严重违法行为,应当依法____处罚。

(五)简答题

1. 煤矿企业存在哪些行为时,应依照《中华人民共和国安全生产法》有关规定予以处罚?
2. 煤矿企业存在哪些情形时,应当提请县级以上地方人民政府予以关闭?
3. 煤矿企业未依法取得安全生产许可证等擅自进行生产的,应当提请县级以上地方人民政府予以关闭。有关地方人民政府作出予以关闭的决定,应当立即组织实施。关闭煤矿应当达到的要求有哪些?
4. 地方各级人民政府、县级以上人民政府负有煤矿安全生产监督管理职责的部门和其他有关部门、国家矿山安全监察机构及其设在地方的矿山安全监察机构存在哪些情形时,应对负有责任的领导人员和直接责任人员依法给予处分?

参考答案

(一)判断题

1. √,解析:根据《煤矿安全生产条例》第65条第1款规定。
2. ×,解析:根据《煤矿安全生产条例》第65条第2款规定,擅自开采保安煤柱或者采用可能危及相邻煤矿生产安全的决水、爆破、贯通巷道等危险方法进行采矿作业的,责令立即停止作业,没收违法所得；违法所得在10万元以上的，并处违法所得2倍以上5倍以下的罚款；没有违法所得或者违法所得不足10万元的，并处10万元以上20万元以下的罚款；造成损失的，依法承担赔偿责任。

3. ×，解析：根据《煤矿安全生产条例》第66条规定，煤矿企业有下列行为之一的，责令改正；拒不改正的，处10万元以上20万元以下的罚款；对其直接负责的主管人员和其他直接责任人员处1万元以上2万元以下的罚款：（1）违反本条例第37条第1款规定，隐瞒存在的事故隐患以及其他安全问题的；（2）违反本条例第44条第1款规定，擅自启封或者使用被查封、扣押的设施、设备、器材的；（3）有其他拒绝、阻碍监督检查行为的。

（二）单项选择题

1. B，解析：根据《煤矿安全生产条例》第61条第1款规定，未依法取得安全生产许可证等擅自进行煤矿生产的，应当责令立即停止生产，没收违法所得和开采出的煤炭以及采掘设备；违法所得在10万元以上的，并处违法所得2倍以上5倍以下的罚款；没有违法所得或者违法所得不足10万元的，并处10万元以上20万元以下的罚款。

2. D，解析：根据《煤矿安全生产条例》第68条第2款规定，煤矿企业主要负责人未依法履行安全生产管理职责，导致发生煤矿生产安全事故的，依照下列规定处以罚款：（1）发生一般事故的，处上一年年收入40%的罚款；（2）发生较大事故的，处上一年年收入60%的罚款；（3）发生重大事故的，处上一年年收入80%的罚款；（4）发生特别重大事故的，处上一年年收入100%的罚款。

3. D，解析：根据《煤矿安全生产条例》第72条规定，承担安全评价、认证、检测、检验等职责的煤矿安全生产技术服务机构有出具失实报告、租借资质、挂靠、出具虚假报告等情形的，对该机构及直接负责的主管人员和其他直接责任人员，应当依照《中华人民共和国安全生产法》有关规定予以处罚并追究相应责任。其主要负责人对重大、特别重大煤矿生产安全事故负有责任的,终身不得从事煤矿安全生产相关技术服务工作。

(三) 多项选择题

1. ABCD,解析：根据《煤矿安全生产条例》第63条规定,煤矿企业有下列行为之一的,责令限期改正,处10万元以上20万元以下的罚款；逾期未改正的,责令停产整顿,并处20万元以上50万元以下的罚款,对其直接负责的主管人员和其他直接责任人员处3万元以上5万元以下的罚款：(1) 未按照规定制定并落实全员安全生产责任制和领导带班等安全生产规章制度的；(2) 未按照规定为煤矿配备矿长等人员和机构,或者未按照规定设立救护队的；(3) 煤矿的主要生产系统、安全设施不符合煤矿安全规程和国家标准或者行业标准规定的；(4) 未按照规定编制专项设计的；(5) 井工煤矿未按照规定进行瓦斯等级、冲击地压、煤层自燃倾向性和煤尘爆炸性鉴定的；(6) 露天煤矿的采场及排土场边坡与重要建筑物、构筑物之间安全距离不符合规定的,或者未按照规定保持露天煤矿边坡稳定的；(7) 违章指挥或者强令冒险作业、违反规程的。

2. ABCD,解析：根据《煤矿安全生产条例》第67条规定,发生煤矿生产安全事故,对负有责任的煤矿企业除要求其依法承担相应的赔偿等责任外,依照下列规定处以罚款：(1) 发生一般事故的,处50万元以上100万元以下的罚款；(2) 发生较大事故的,处150万元以上200万元以下的罚款；(3) 发生重大事故的,处500万元以上1000万元以下的罚款；(4) 发生特别重大事故的,处1000万元以上2000万元以下的罚款。发生煤矿生产安全事故,情节特别严重、影响特别恶劣的,可以按照前款罚款数额的2倍以上5倍以下对负有责任的煤矿企业处以罚款。

3. ABCD,解析：根据《煤矿安全生产条例》第68条第1款规定,煤矿企业的决策机构、主要负责人、其他负责人和安全生产管理人员未依法履行安全生产管理职责的，依照《中华人民共和国安全生产法》有关规定处罚并承担相应责任。根据《煤矿安全生产条例》第69条规定，煤矿企业及其有关人员有瞒报、谎报事故等行为的，依照《中华人民共和国安全生产法》、《生产安全事故报告和调查处理条例》有关规定予以处罚。有关地方人民政府及其应急管理部门、负有煤矿安全生产监督管理职责的部门和设在地方的矿山安全监察机构有瞒报、谎报事故等行为的，对负有责任的领导人员和直接责任人员依法给予处分。根据《煤矿安全生产条例》第75条规定，违反本条例规定，构成犯罪的，依法追究刑事责任。

4. ABCD，解析：根据《煤矿安全生产条例》第71条规定，有下列情形之一的，依照《中华人民共和国安全生产法》有关规定予以处罚：（1）煤矿建设项目没有安全设施设计或者安全设施设计未按照规定报经有关部门审查同意的；（2）煤矿建设项目的施工单位未按照批准的安全设施设计施工的；（3）煤矿建设项目竣工投入生产或者使用前，安全设施未经验收合格的；（4）煤矿企业违反本条例第24条第1款、第25条第1款和第2款、第26条第2款规定的。

(四) 填空题

1. 内容；主要负责人。（《煤矿安全生产条例》第64条）

2. 查封；10万元以上20万元以下。（《煤矿安全生产条例》第66条）

3. 分工；两次；暂扣；从重。（《煤矿安全生产条例》第73条）

(五) 简答题

1. 答：根据《煤矿安全生产条例》第62条规定，煤矿企业有下列行为之一的，依照《中华人民共和国安全生产法》有关规定予以处罚：

（1）未按照规定设置安全生产管理机构并配备安全生产管理人员的；

（2）主要负责人和安全生产管理人员未按照规定经考核合格并持续保持相应水平和能力的；

（3）未按照规定进行安全生产教育和培训，未按照规定如实告知有关的安全生产事项，或者未如实记录安全生产教育和培训情况的；

（4）特种作业人员未按照规定经专门的安全作业培训并取得相应资格，上岗作业的；

（5）进行危险作业，未采取专门安全技术措施并安排专门人员进行现场安全管理的；

（6）未按照规定建立并落实安全风险分级管控制度和事故隐患排查治理制度的，或者重大事故隐患排查治理情况未按照规定报告的；

（7）未按照规定制定生产安全事故应急救援预案或者未定期组织演练的。

2. 答：根据《煤矿安全生产条例》第70条第1款规定，煤矿企业存在下列情形之一的，应当提请县级以上地方人民政府予以关闭：

（1）未依法取得安全生产许可证等擅自进行生产的；

（2）3个月内2次或者2次以上发现有重大事故隐患仍然进行生产的；

（3）经地方人民政府组织的专家论证在现有技术条件下难以有效防治重大灾害的；

（4）有《中华人民共和国安全生产法》规定的应当提请关闭的其他情形。

3. 答：根据《煤矿安全生产条例》第70条规定，煤矿企业未依法取得安全生产许可证等擅自进行生产的，应当提请县级以上地方人民政府予以关闭。有关地方人民政府作出予以关闭的决定，应当立即组织实施。关闭煤矿应当达到下列要求：
(1) 依照法律法规有关规定吊销、注销相关证照；
(2) 停止供应并妥善处理民用爆炸物品；
(3) 停止供电，拆除矿井生产设备、供电、通信线路；
(4) 封闭、填实矿井井筒，平整井口场地，恢复地貌；
(5) 妥善处理劳动关系，依法依规支付经济补偿、工伤保险待遇，组织离岗时职业健康检查，偿还拖欠工资，补缴欠缴的社会保险费；
(6) 设立标识牌；
(7) 报送、移交相关报告、图纸和资料等；
(8) 有关法律法规规定的其他要求。

4. 答：根据《煤矿安全生产条例》第74条规定，地方各级人民政府、县级以上人民政府负有煤矿安全生产监督管理职责的部门和其他有关部门、国家矿山安全监察机构及其设在地方的矿山安全监察机构有下列情形之一的，对负有责任的领导人员和直接责任人员依法给予处分：
(1) 县级以上人民政府负有煤矿安全生产监督管理职责的部门、国家矿山安全监察机构及其设在地方的矿山安全监察机构不依法履行职责，不及时查处所辖区域内重大事故隐患和安全生产违法行为的；县级以上人民政府其他有关部门未依法履行煤矿安全生产相关职责的；
(2) 乡镇人民政府在所辖区域内发现未依法取得安全生产许可证等擅自进行煤矿生产，没有采取有效措施制止或者没有向县级人民政府相关主管部门报告的；
(3) 对被责令停产整顿的煤矿企业，在停产整顿期间，因有关地方人民政府监督检查不力，煤矿企业在停产整顿期间继续生产的；
(4) 关闭煤矿未达到本条例第70条第2款规定要求的；
(5) 县级以上人民政府负有煤矿安全生产监督管理职责的部门、

国家矿山安全监察机构及其设在地方的矿山安全监察机构接到举报后，不及时处理的；

（6）县级以上地方人民政府及其有关部门要求不具备安全生产条件的煤矿企业进行生产的；

（7）有其他滥用职权、玩忽职守、徇私舞弊情形的。

第六章 附 则

单项选择题

《煤矿安全生产条例》自2024年（　　）起施行。
A. 2月1日　　　　B. 3月1日
C. 4月1日　　　　D. 5月1日

参考答案

单项选择题

D，解析：根据《煤矿安全生产条例》第76条规定，本条例自2024年5月1日起施行。《煤矿安全监察条例》和《国务院关于预防煤矿生产安全事故的特别规定》同时废止。

二、安全生产法

（一）判断题

1. 工会依法对安全生产工作进行监督。（　　）
2. 生产经营单位必须执行依法制定的保障安全生产的国家标准或者地方标准。（　　）
3. 县级以上各级人民政府应当组织负有安全生产监督管理职责的部门依法编制安全生产权力和责任清单，公开并接受社会监督。（　　）
4. 生产经营单位的主要负责人和安全生产管理人员必须具备与本单位所从事的生产经营活动相应的安全生产知识和管理能力。（　　）
5. 特种作业人员的范围由国务院应急管理部门确定。（　　）
6. 国家对严重危及生产安全的工艺、设备实行淘汰制度。（　　）
7. 生产经营场所和员工宿舍应当设有符合紧急疏散要求、标志明显、保持畅通的出口、疏散通道。禁止占用、锁闭、封堵生产经营场所或者员工宿舍的出口、疏散通道。（　　）
8. 生产经营单位不得将生产经营项目、场所、设备发包或者出租。（　　）
9. 生产经营单位与从业人员订立的劳动合同，只需载明有关保障从业人员劳动安全、防止职业危害的事项。（　　）
10. 生产经营单位使用被派遣劳动者的，被派遣劳动者享有

《安全生产法》规定的从业人员的权利，并应当履行《安全生产法》规定的从业人员的义务。（　　）

11. 负有安全生产监督管理职责的部门对涉及安全生产的事项进行审查、验收，可以收取必要费用。（　　）

12. 负有安全生产监督管理职责的部门应当对存在重大事故隐患的生产经营单位采取立即停止供电、停止供应民用爆炸物品等措施。（　　）

13. 承担安全评价、认证、检测、检验职责的机构应当建立并实施服务公开和报告公开制度，不得租借资质、挂靠、出具虚假报告。（　　）

14. 危险物品的生产、经营、储存单位以及矿山、金属冶炼、城市轨道交通运营、建筑施工单位必须建立应急救援组织。（　　）

15. 事故调查报告应当依法及时向社会公布。（　　）

16. 生产经营单位的主要负责人未履行《安全生产法》规定的安全生产管理职责，导致发生生产安全事故的，由应急管理部门处2万元以上5万元以下的罚款。（　　）

17. 生产经营单位与从业人员订立协议，免除或者减轻其对从业人员因生产安全事故伤亡依法应承担的责任的，该协议无效。（　　）

18. 《安全生产法》规定的行政处罚，由应急管理部门和其他负有安全生产监督管理职责的部门按照职责分工决定。（　　）

（二）单项选择题

1. 生产经营单位安全生产第一责任人是（　　）。

A. 生产经营单位的主要负责人

B. 生产经营单位的负责人

C. 生产经营单位的主管领导

D. 生产经营单位的生产负责人

2. 国家实行生产安全事故责任追究制度，依照《安全生产法》和有关法律、法规的规定，追究生产安全事故（　　）的法律责任。

A. 责任单位　　　　　　B. 责任人员

C. 责任单位和责任人员　　D. 责任单位或责任人员

3. 不强制设置安全生产管理机构的单位是：（　　）

A. 矿山、金属冶炼单位

B. 建筑施工、运输单位

C. 危险物品的生产、经营、储存、装卸单位

D. 从业人员在100人以下的其他生产经营单位

4. 生产经营单位应当对从业人员进行安全生产教育和培训，未经安全生产教育和培训合格的从业人员，（　　）上岗作业。

A. 不得　　　　　　　　B. 可以

C. 禁止长时间　　　　　D. 允许短时间

5. 建设项目安全设施的（　　）应当对安全设施设计负责。

A. 设计人　　　　　　　B. 设计单位

C. 设计人、设计单位　　D. 设计人或者设计单位

6. 生产经营单位对重大危险源采取的措施有：（　　）

A. 登记建档，进行定期检测、评估、监控

B. 监控录像保存5年以上

C. 报上级主管部门备案

D. 进行模拟演练

7. 下列关于安全生产责任保险制度说法错误的是：（   ）

   A. 高危行业的生产经营单位，应当投保安全生产责任保险

   B. 国家鼓励生产经营单位投保安全生产责任保险

   C. 生产经营单位必须依法参加工伤保险

   D. 生产经营单位必须投保安全生产责任保险

8. 生产经营单位不得以任何形式与从业人员订立协议，（   ）其对从业人员因生产安全事故伤亡依法应承担的责任。

   A. 从轻   B. 减轻

   C. 免除或者减轻   D. 从轻或者减轻

9. 工会有权对建设项目的安全设施与主体工程（   ）进行监督，提出意见。

   A. 同时设计、同时施工、同时投入生产和使用

   B. 同时计划、同时施工、同时投入生产和使用

   C. 同时设计、同时动工、同时投入生产和使用

   D. 同时规划、同时动工、同时投入生产和使用

10. 负有安全生产监督管理职责的部门应当建立举报制度。涉及人员死亡的举报事项，应当由（   ）组织核查处理。

    A. 县级以上人民政府

    B. 县级以上监察机关

    C. 负有安全生产监督管理职责的部门

    D. 公安机关

11. 任何单位或者个人对事故隐患或者安全生产违法行为，均

有权向（　　）报告或者举报。

A. 违法企业主管部门

B. 违法企业所在地的县级人民政府

C. 违法企业所在地的公安机关

D. 负有安全生产监督管理职责的部门

12. 国务院（　　）牵头建立全国统一的生产安全事故应急救援信息系统。

A. 应急管理部门

B. 安全生产监督管理部门

C. 交通运输行政管理部门

D. 住房和城乡建设行政管理部门

13. 任何单位和个人都应当（　　）事故抢救，并提供一切便利条件。

A. 支持、参与　　　　B. 支持、配合

C. 协助、配合　　　　D. 参与、协助

14. 生产经营单位的决策机构、主要负责人或者个人经营的投资人不依照《安全生产法》规定保证安全生产所必需的资金投入，导致发生生产安全事故的，（　　）；构成犯罪的，依照刑法有关规定追究刑事责任。

A. 对生产经营单位的主要负责人给予严重警告处分，对个人经营的投资人处2万元以上20万元以下的罚款

B. 对生产经营单位的主要负责人给予撤职处分，对个人经营的投资人处2万元以上10万元以下的罚款

C. 对生产经营单位的主要负责人给予严重警告处分，对个人经营的投资人处2万元以上10万元以下的罚款

D. 对生产经营单位的主要负责人给予撤职处分，对个人经营的投资人处 2 万元以上 20 万元以下的罚款

15. 生产经营单位的主要负责人在本单位发生生产安全事故时，不立即组织抢救或者在事故调查处理期间擅离职守或者逃匿的，给予降级、撤职的处分，并由应急管理部门处上一年年收入（　　）的罚款。

    A. 40%至60%　　　　B. 40%至80%

    C. 60%至80%　　　　D. 60%至100%

16. 生产经营单位拒不执行负有安全生产监督管理职责的部门作出的停产停业整顿决定的，负有安全生产监督管理职责的部门应当提请地方人民政府予以关闭，有关部门应当（　　）。

    A. 对生产经营单位处 100 元万以上的罚款

    B. 追究主要责任人的刑事责任

    C. 对主要责任人处上一年年收入60%至100%的罚款

    D. 依法吊销其有关证照

（三）多项选择题

1. 制定《安全生产法》的目的是：（　　）

    A. 加强安全生产工作

    B. 防止和减少生产安全事故

    C. 保障人民群众生命和财产安全

    D. 促进经济社会持续健康发展

2. 安全生产工作要坚持的要求有：（　　）

    A. 坚持安全第一、预防为主、综合治理的方针

B. 坚持中国共产党的领导

C. 实行管行业必须管安全、管业务必须管安全、管生产经营必须管安全

D. 坚持预防为主，事后及时补救

3. 下列关于生产经营单位安全生产的说法正确的有：（   ）

   A. 对安全生产实行集体负责制

   B. 构建安全风险分级管控和隐患排查治理双重预防机制

   C. 健全风险防范化解机制

   D. 平台经济等新兴行业的生产经营单位应当建立健全并落实全员安全生产责任制

4. 下列关于安全生产工作的说法正确的有：（   ）

   A. 各级人民政府及其有关部门应当采取多种形式，加强对有关安全生产的法律、法规和安全生产知识的宣传，增强全社会的安全生产意识

   B. 有关协会组织依照法律、行政法规和章程，为生产经营单位提供安全生产方面的信息、培训等服务，发挥自律作用，促进生产经营单位加强安全生产管理

   C. 依法设立的为安全生产提供技术、管理服务的机构，依照法律、行政法规和执业准则，接受生产经营单位的委托为其安全生产工作提供技术、管理服务

   D. 工会依照行业习惯、生产准则、法律法规要求为企业员工提供必要的安全生产保护器具

5. 下列关于安全生产费用的说法正确的有：（   ）

   A. 生产经营单位应当具备的安全生产条件所必需的资金投入，由生产经营单位的决策机构、主要负责人或者个人

经营的投资人予以保证

B. 安全生产必要费用不得低于生产经营单位上一年收入的10%

C. 安全生产费用在成本中据实列支

D. 生产经营单位应当按照规定提取和使用安全生产费用，专门用于改善安全生产条件

6. 生产经营单位采用新工艺、新技术、新材料或者使用新设备前要做好的准备有：（　　）

A. 必须了解、掌握其安全技术特性

B. 采取有效的安全防护措施

C. 报上级主管部门备案

D. 对从业人员进行专门的安全生产教育和培训

7. 矿山、金属冶炼建设项目和用于（　　）危险物品的建设项目竣工投入生产或者使用前，应当由建设单位负责组织对安全设施进行验收；验收合格后，方可投入生产和使用。

A. 生产　　　　　　B. 储存

C. 装卸　　　　　　D. 使用

8. 生产经营单位不得关闭、破坏直接关系生产安全的监控、报警、防护、救生设备、设施，或者（　　）其相关数据、信息。

A. 隐藏　　　　　　B. 篡改

C. 隐瞒　　　　　　D. 销毁

9. 下列关于生产经营单位的从业人员的安全生产权利的说法正确的有：（　　）

A. 有权对本单位安全生产工作中存在的问题提出批评、检

举、控告

B. 有权了解其作业场所和工作岗位存在的危险因素、防范措施及事故应急措施

C. 有权拒绝违章指挥和强令冒险作业

D. 有权对本单位的安全生产工作提出建议

10. 下列关于生产经营单位的从业人员的安全生产义务的说法正确的有：（　　）

A. 从业人员在作业过程中，应当严格落实岗位安全责任，遵守本单位的安全生产规章制度和操作规程，服从管理

B. 从业人员在作业过程中，应当正确佩戴和使用劳动防护用品

C. 从业人员应当接受安全生产教育和培训，掌握本职工作所需的安全生产知识，提高安全生产技能，增强事故预防和应急处理能力

D. 从业人员发现事故隐患或者其他不安全因素，应当立即向现场安全生产管理人员或者本单位负责人报告

11. 下列关于安全生产监督检查人员的说法正确的有：（　　）

A. 安全生产监督检查人员应当忠于职守，坚持原则，秉公执法

B. 工作时应穿着统一的制式服装

C. 执行监督检查任务时，必须出示有效的行政执法证件

D. 对涉及被检查单位的技术秘密和业务秘密，应当为其保密

12. 负有安全生产监督管理职责的部门对违法行为情节严重的生产经营单位及其有关从业人员，应当及时向社会公告，

并通报（　　）、证券监督管理机构以及有关金融机构。

A. 行业主管部门　　　　B. 投资主管部门

C. 自然资源主管部门　　D. 生态环境主管部门

13. 下列关于生产安全事故的应急救援的说法正确的有：（　　）

    A. 国家加强生产安全事故应急能力建设

    B. 国家在重点行业、领域建立应急救援基地和应急救援队伍，并由国家安全生产应急救援机构统一协调指挥

    C. 国家鼓励生产经营单位和其他社会力量建立应急救援队伍

    D. 县级以上地方各级人民政府应当组织有关部门制定本行政区域内生产安全事故应急救援预案，建立应急救援体系

14. 危险物品的生产、经营、储存、运输单位以及矿山、金属冶炼、城市轨道交通运营、建筑施工单位应当配备必要的应急救援（　　），并进行经常性维护、保养，保证正常运转。

    A. 器材　　　　　　　　B. 设备

    C. 设施　　　　　　　　D. 物资

15. 生产经营单位发生生产安全事故，经调查确定为责任事故的，除了应当查明事故单位的责任并依法予以追究外，还应当查明对安全生产的有关事项负有（　　）职责的行政部门的责任，对有失职、渎职行为的，依照《安全生产法》第90条的规定追究法律责任。

    A. 审查批准　　　　　　B. 审查核准

C. 监督 D. 管理

16. 负有安全生产监督管理职责的部门的工作人员（　　），给予降级或者撤职的处分；构成犯罪的，依照刑法有关规定追究刑事责任

   A. 对不符合法定安全生产条件的涉及安全生产的事项予以批准或者验收通过的

   B. 发现未依法取得批准、验收的单位擅自从事有关活动或者接到举报后不予取缔或者不依法予以处理的

   C. 对已经依法取得批准的单位不履行监督管理职责，发现其不再具备安全生产条件而不撤销原批准或者发现安全生产违法行为不予查处的

   D. 在监督检查中发现重大事故隐患，不依法及时处理的

17. 生产经营单位未采取措施消除事故隐患的，责令立即消除或者限期消除，处5万元以下的罚款；生产经营单位拒不执行的，对该单位及其直接负责的主管人员应当采取的惩罚措施有：（　　）

   A. 吊销生产经营单位有关证照

   B. 责令生产经营单位停产停业整顿

   C. 对生产经营单位直接负责的主管人员处5万元以上10万元以下的罚款

   D. 对生产经营单位直接负责的主管人员处上一年年收入60%至100%的罚款

18. 生产经营单位的从业人员（　　）的，由生产经营单位给予批评教育，依照有关规章制度给予处分；构成犯罪的，依照刑法有关规定追究刑事责任。

A. 不落实岗位安全责任

B. 不服从管理

C. 违反安全生产规章制度或者操作规程

D. 不及时报告事故隐患

（四）填空题

1. 生产经营单位制定或者修改有关安全生产的规章制度，应当听取____的意见。

2. 国家对在____、____、____等方面取得显著成绩的单位和个人，给予奖励。

3. 生产经营单位的全员安全生产责任制应当明确各岗位的____、____和考核标准等内容。

4. 生产经营单位作出涉及安全生产的经营决策，应当听取____以及____的意见。

5. 生产经营单位应当在____因素的生产经营场所和有关设施、设备上，设置明显的____标志。

6. 生产经营单位必须为从业人员提供符合国家标准或者行业标准的____用品，并监督、教育从业人员按照使用规则____、____。

7. 从业人员发现直接危及____的紧急情况时，有权____或者在采取可能的应急措施后撤离作业场所。

8. 因生产安全事故受到损害的从业人员，除依法享有____外，依照有关民事法律尚有获得赔偿的权利的，有权提出____要求。

9. 应急管理部门应当按照____监督管理的要求，制定安全生产

____计划。

10. 负有安全生产监督管理职责的部门在监督检查中，应当互相配合，实行____；确需分别进行检查的，应当____。

11. 因安全生产违法行为造成重大事故隐患或者导致重大事故，致使____或者____受到侵害的，人民检察院可以根据民事诉讼法、行政诉讼法的相关规定提起____诉讼。

12. 新闻、出版、广播、电影、电视等单位有进行安全生产____的义务，有对违反安全生产法律、法规的行为进行____的权利。

13. 负责事故调查处理的国务院有关部门和地方人民政府应当在批复事故调查报告后____内，组织有关部门对事故整改和防范措施落实情况进行评估，并及时向社会公开评估结果。

14. 任何单位和个人不得____对事故的依法调查处理。

15. 生产经营单位的其他负责人和安全生产管理人员未履行《安全生产法》规定的安全生产管理职责的，责令限期改正，处____的罚款。

16. 生产经营单位发生生产安全事故造成____、他人财产损失的，应当依法承担赔偿责任；拒不承担或者其负责人____的，由____依法强制执行。

17. 国务院应急管理部门和其他负有安全生产监督管理职责的部门应当根据各自的职责分工，制定相关行业、领域重大危险源的____和重大事故隐患的____。

（五）简答题

1. 简述各级人民政府对开展安全生产应采取的工作。

2. 简述生产经营单位的主要负责人对本单位安全生产工作负有的职责。
3. 简述生产经营单位的安全生产管理机构以及安全生产管理人员应当履行的职责。
4. 简述工会在生产经营单位违反安全生产法律法规时应当履行的职责。
5. 简述应急管理部门和其他负有安全生产监督管理职责的部门在依法开展安全生产行政执法工作和对生产经营单位执行有关安全生产的法律、法规和国家标准或者行业标准的情况进行监督检查时应当行使的职权。
6. 简述发生生产安全事故，对负有责任的生产经营单位除要求其依法承担相应的赔偿等责任外，由应急管理部门依照规定处以罚款的标准。
7. 简述安全生产法中所称危险物品、重大危险源的含义。

参考答案

（一）判断题

1. √，解析：根据《安全生产法》第7条第1款规定。
2. ×，解析：根据《安全生产法》第11条第2款规定，生产经营单位必须执行依法制定的保障安全生产的国家标准或者行业标准。
3. √，解析：根据《安全生产法》第17条规定。
4. √，解析：根据《安全生产法》第27条第1款规定。
5. ×，解析：根据《安全生产法》第30条第2款规定，特种作业人员的范围由国务院应急管理部门会同国务院有关部门确定。
6. √，解析：根据《安全生产法》第38条第1款规定。

二、安全生产法

7. √，解析：根据《安全生产法》第 42 条第 2 款规定。

8. ×，解析：根据《安全生产法》第 49 条第 1 款规定，生产经营单位不得将生产经营项目、场所、设备发包或者出租给不具备安全生产条件或者相应资质的单位或者个人。

9. ×，解析：根据《安全生产法》第 52 条第 1 款规定，生产经营单位与从业人员订立的劳动合同，应当载明有关保障从业人员劳动安全、防止职业危害的事项，以及依法为从业人员办理工伤保险的事项。

10. √，解析：根据《安全生产法》第 61 条规定。

11. ×，解析：根据《安全生产法》第 64 条规定，负有安全生产监督管理职责的部门对涉及安全生产的事项进行审查、验收，不得收取费用。

12. ×，解析：根据《安全生产法》第 70 条第 1 款规定，负有安全生产监督管理职责的部门依法对存在重大事故隐患的生产经营单位作出停产停业、停止施工、停止使用相关设施或者设备的决定，生产经营单位应当依法执行，及时消除事故隐患。生产经营单位拒不执行，有发生生产安全事故的现实危险的，在保证安全的前提下，经本部门主要负责人批准，负有安全生产监督管理职责的部门可以采取通知有关单位停止供电、停止供应民用爆炸物品等措施，强制生产经营单位履行决定。通知应当采用书面形式，有关单位应当予以配合。

13. √，解析：根据《安全生产法》第 72 条第 2 款规定。

14. ×，解析：根据《安全生产法》第 82 条第 1 款规定，危险物品的生产、经营、储存单位以及矿山、金属冶炼、城市轨道交通运营、建筑施工单位应当建立应急救援组织；生产经营规模较小的，可以不建立应急救援组织，但应当指定兼职的应急救援人员。

15. √，解析：根据《安全生产法》第 86 条第 1 款规定。

16. ×，解析：根据《安全生产法》第 95 条规定，生产经营单位的主要负责人未履行本法规定的安全生产管理职责，导致发生生产安全事故的，由应急管理部门依照下列规定处以罚款：(1) 发生一般事故的，处上一年年收入 40% 的罚款；(2) 发生较大事故的，处上一年年收入 60% 的罚款；(3) 发生重大事故的，处上一年年收入 80% 的罚款；(4) 发生特别重大事故的，处上一年年收入 100% 的罚款。

17. √，解析：根据《安全生产法》第 106 条规定。

18. √，解析：根据《安全生产法》第 115 条规定。

(二) 单项选择题

1. A，解析：根据《安全生产法》第 5 条规定，生产经营单位的主要负责人是本单位安全生产第一责任人，对本单位的安全生产工作全面负责。其他负责人对职责范围内的安全生产工作负责。

2. C，解析：根据《安全生产法》第 16 条规定，国家实行生产安全事故责任追究制度，依照本法和有关法律、法规的规定，追究生产安全事故责任单位和责任人员的法律责任。

3. D，解析：根据《安全生产法》第 24 条规定，矿山、金属冶炼、建筑施工、运输单位和危险物品的生产、经营、储存、装卸单位，应当设置安全生产管理机构或者配备专职安全生产管理人员。前款规定以外的其他生产经营单位，从业人员超过 100 人的，应当设置安全生产管理机构或者配备专职安全生产管理人员；从业人员在 100 人以下的，应当配备专职或者兼职的安全生产管理人员。

4. A，解析：根据《安全生产法》第 28 条第 1 款规定，生产经营单位应当对从业人员进行安全生产教育和培训，保证从业人员具备必要的安全生产知识，熟悉有关的安全生产规章制度和安全操作规程，掌握本岗位的安全操作技能，了解事故应急处理措施，知悉自身在安全生产方面的权利和义务。未经安全生产教育和培训合格的从业人员，不得上岗作业。

二、安全生产法

5. C，解析：根据《安全生产法》第33条第1款规定，建设项目安全设施的设计人、设计单位应当对安全设施设计负责。

6. A，解析：根据《安全生产法》第40条第1款规定，生产经营单位对重大危险源应当登记建档，进行定期检测、评估、监控，并制定应急预案，告知从业人员和相关人员在紧急情况下应当采取的应急措施。

7. D，解析：根据《安全生产法》第51条规定，生产经营单位必须依法参加工伤保险，为从业人员缴纳保险费。国家鼓励生产经营单位投保安全生产责任保险；属于国家规定的高危行业、领域的生产经营单位，应当投保安全生产责任保险。具体范围和实施办法由国务院应急管理部门会同国务院财政部门、国务院保险监督管理机构和相关行业主管部门制定。

8. C，解析：根据《安全生产法》第52条第2款规定，生产经营单位不得以任何形式与从业人员订立协议，免除或者减轻其对从业人员因生产安全事故伤亡依法应承担的责任。

9. A，解析：根据《安全生产法》第60条第1款规定，工会有权对建设项目的安全设施与主体工程同时设计、同时施工、同时投入生产和使用进行监督，提出意见。

10. A，解析：根据《安全生产法》第73条规定，负有安全生产监督管理职责的部门应当建立举报制度，公开举报电话、信箱或者电子邮件地址等网络举报平台，受理有关安全生产的举报；受理的举报事项经调查核实后，应当形成书面材料；需要落实整改措施的，报经有关负责人签字并督促落实。对不属于本部门职责，需要由其他有关部门进行调查处理的，转交其他有关部门处理。涉及人员死亡的举报事项，应当由县级以上人民政府组织核查处理。

11. D，解析：根据《安全生产法》第74条第1款规定，任何单位或者个人对事故隐患或者安全生产违法行为，均有权向负有安全生产监督管理职责的部门报告或者举报。

12. A，解析：根据《安全生产法》第79条第2款规定，国务院应急管理部门牵头建立全国统一的生产安全事故应急救援信息系统，国务院交通运输、住房和城乡建设、水利、民航等有关部门和县级以上地方人民政府建立健全相关行业、领域、地区的生产安全事故应急救援信息系统，实现互联互通、信息共享，通过推行网上安全信息采集、安全监管和监测预警，提升监管的精准化、智能化水平。

13. B，解析：根据《安全生产法》第85条第4款规定，任何单位和个人都应当支持、配合事故抢救，并提供一切便利条件。

14. D，解析：根据《安全生产法》第93条规定，生产经营单位的决策机构、主要负责人或者个人经营的投资人不依照本法规定保证安全生产所必需的资金投入，致使生产经营单位不具备安全生产条件的，责令限期改正，提供必需的资金；逾期未改正的，责令生产经营单位停产停业整顿。有前款违法行为，导致发生生产安全事故的，对生产经营单位的主要负责人给予撤职处分，对个人经营的投资人处2万元以上20万元以下的罚款；构成犯罪的，依照刑法有关规定追究刑事责任。

15. D，解析：根据《安全生产法》第110条第1款规定，生产经营单位的主要负责人在本单位发生生产安全事故时，不立即组织抢救或者在事故调查处理期间擅离职守或者逃匿的，给予降级、撤职的处分，并由应急管理部门处上一年年收入60%至100%的罚款；对逃匿的处15日以下拘留；构成犯罪的，依照刑法有关规定追究刑事责任。

16. D，解析：根据《安全生产法》第113条第4项规定，生产经营单位存在下列情形之一的，负有安全生产监督管理职责的部门应当提请地方人民政府予以关闭，有关部门应依法吊销其有关证照。生产经营单位主要负责人5年内不得担任任何生产经营单位的主要负责人；情节严重的，终身不得担任本行业生产经营单位的主要负责人；(4) 拒不执行负有安全生产监督管理职责的部门作出的停产停业整顿决定的。

(三) 多项选择题

1. ABCD，解析：根据《安全生产法》第1条规定，为了加强安全生产工作，防止和减少生产安全事故，保障人民群众生命和财产安全，促进经济社会持续健康发展，制定本法。

2. ABC，解析：根据《安全生产法》第3条规定，安全生产工作坚持中国共产党的领导。安全生产工作应当以人为本，坚持人民至上、生命至上，把保护人民生命安全摆在首位，树牢安全发展理念，坚持安全第一、预防为主、综合治理的方针，从源头上防范化解重大安全风险。安全生产工作实行管行业必须管安全、管业务必须管安全、管生产经营必须管安全，强化和落实生产经营单位主体责任与政府监管责任，建立生产经营单位负责、职工参与、政府监管、行业自律和社会监督的机制。

3. BCD，解析：根据《安全生产法》第4条规定，生产经营单位必须遵守本法和其他有关安全生产的法律、法规，加强安全生产管理，建立健全全员安全生产责任制和安全生产规章制度，加大对安全生产资金、物资、技术、人员的投入保障力度，改善安全生产条件，加强安全生产标准化、信息化建设，构建安全风险分级管控和隐患排查治理双重预防机制，健全风险防范化解机制，提高安全生产水平，确保安全生产。平台经济等新兴行业、领域的生产经营单位应当根据本行业、领域的特点，建立健全并落实全员安全生产责任制，加强从业人员安全生产教育和培训，履行本法和其他法律、法规规定的有关安全生产义务。

4. ABC，解析：根据《安全生产法》第13条规定，各级人民政府及其有关部门应当采取多种形式，加强对有关安全生产的法律、法规和安全生产知识的宣传，增强全社会的安全生产意识。根据

《安全生产法》第 14 条规定，有关协会组织依照法律、行政法规和章程，为生产经营单位提供安全生产方面的信息、培训等服务，发挥自律作用，促进生产经营单位加强安全生产管理。根据《安全生产法》第 15 条第 1 款规定，依法设立的为安全生产提供技术、管理服务的机构，依照法律、行政法规和执业准则，接受生产经营单位的委托为其安全生产工作提供技术、管理服务。

5. ACD，解析：根据《安全生产法》第 23 条规定，生产经营单位应当具备的安全生产条件所必需的资金投入，由生产经营单位的决策机构、主要负责人或者个人经营的投资人予以保证，并对由于安全生产所必需的资金投入不足导致的后果承担责任。有关生产经营单位应当按照规定提取和使用安全生产费用，专门用于改善安全生产条件。安全生产费用在成本中据实列支。安全生产费用提取、使用和监督管理的具体办法由国务院财政部门会同国务院应急管理部门征求国务院有关部门意见后制定。

6. ABD，解析：根据《安全生产法》第 29 条规定，生产经营单位采用新工艺、新技术、新材料或者使用新设备，必须了解、掌握其安全技术特性，采取有效的安全防护措施，并对从业人员进行专门的安全生产教育和培训。

7. ABC，解析：根据《安全生产法》第 34 条第 2 款规定，矿山、金属冶炼建设项目和用于生产、储存、装卸危险物品的建设项目竣工投入生产或者使用前，应当由建设单位负责组织对安全设施进行验收；验收合格后，方可投入生产和使用。负有安全生产监督管理职责的部门应当加强对建设单位验收活动和验收结果的监督核查。

8. BCD：解析：根据《安全生产法》第 36 条第 3 款规定，生产经营单位不得关闭、破坏直接关系生产安全的监控、报警、防护、救生设备、设施，或者篡改、隐瞒、销毁其相关数据、信息。

9. ABCD，解析：根据《安全生产法》第 53 条规定，生产经营单位

二、安全生产法

的从业人员有权了解其作业场所和工作岗位存在的危险因素、防范措施及事故应急措施,有权对本单位的安全生产工作提出建议。根据《安全生产法》第 54 条第 1 款规定,从业人员有权对本单位安全生产工作中存在的问题提出批评、检举、控告;有权拒绝违章指挥和强令冒险作业。

10. ABCD,解析:根据《安全生产法》第 57 条规定,从业人员在作业过程中,应当严格落实岗位安全责任,遵守本单位的安全生产规章制度和操作规程,服从管理,正确佩戴和使用劳动防护用品。根据《安全生产法》第 58 条规定,从业人员应当接受安全生产教育和培训,掌握本职工作所需的安全生产知识,提高安全生产技能,增强事故预防和应急处理能力。根据《安全生产法》第 59 条规定,从业人员发现事故隐患或者其他不安全因素,应当立即向现场安全生产管理人员或者本单位负责人报告;接到报告的人员应当及时予以处理。

11. ACD,解析:根据《安全生产法》第 67 条规定,安全生产监督检查人员应当忠于职守,坚持原则,秉公执法。安全生产监督检查人员执行监督检查任务时,必须出示有效的行政执法证件;对涉及被检查单位的技术秘密和业务秘密,应当为其保密。

12. ABCD,解析:根据《安全生产法》第 78 条第 1 款规定,负有安全生产监督管理职责的部门应当建立安全生产违法行为信息库,如实记录生产经营单位及其有关从业人员的安全生产违法行为信息;对违法行为情节严重的生产经营单位及其有关从业人员,应当及时向社会公告,并通报行业主管部门、投资主管部门、自然资源主管部门、生态环境主管部门、证券监督管理机构以及有关金融机构。有关部门和机构应当对存在失信行为的生产经营单位及其有关从业人员采取加大执法检查频次、暂停项目审批、上调有关保险费率、行业或者职业禁入等联合惩戒措施,并向社会公示。

13. ABCD，解析：根据《安全生产法》第79条第1款规定，国家加强生产安全事故应急能力建设，在重点行业、领域建立应急救援基地和应急救援队伍，并由国家安全生产应急救援机构统一协调指挥；鼓励生产经营单位和其他社会力量建立应急救援队伍，配备相应的应急救援装备和物资，提高应急救援的专业化水平。根据《安全生产法》第80条第1款规定，县级以上地方各级人民政府应当组织有关部门制定本行政区域内生产安全事故应急救援预案，建立应急救援体系。

14. ABD，解析：根据《安全生产法》第82条第2款规定，危险物品的生产、经营、储存、运输单位以及矿山、金属冶炼、城市轨道交通运营、建筑施工单位应当配备必要的应急救援器材、设备和物资，并进行经常性维护、保养，保证正常运转。

15. AC，解析：根据《安全生产法》第87条规定，生产经营单位发生生产安全事故，经调查确定为责任事故的，除了应当查明事故单位的责任并依法予以追究外，还应当查明对安全生产的有关事项负有审查批准和监督职责的行政部门的责任，对有失职、渎职行为的，依照本法第90条的规定追究法律责任。

16. ABCD，解析：根据《安全生产法》第90条第1款规定，负有安全生产监督管理职责的部门的工作人员，有下列行为之一的，给予降级或者撤职的处分；构成犯罪的，依照刑法有关规定追究刑事责任：（1）对不符合法定安全生产条件的涉及安全生产的事项予以批准或者验收通过的；（2）发现未依法取得批准、验收的单位擅自从事有关活动或者接到举报后不予取缔或者不依法予以处理的；（3）对已经依法取得批准的单位不履行监督管理职责，发现其不再具备安全生产条件而不撤销原批准或者发现安全生产违法行为不予查处的；（4）在监督检查中发现重大事故隐患，不依法及时处理的。

17. BC，解析：根据《安全生产法》第102条规定，生产经营单位未采取措施消除事故隐患的，责令立即消除或者限期消除，处 5 万元以下的罚款；生产经营单位拒不执行的，责令停产停业整顿，对其直接负责的主管人员和其他直接责任人员处 5 万元以上 10 万元以下的罚款；构成犯罪的，依照刑法有关规定追究刑事责任。

18. ABC，解析：根据《安全生产法》第 107 条规定，生产经营单位的从业人员不落实岗位安全责任，不服从管理，违反安全生产规章制度或者操作规程的，由生产经营单位给予批评教育，依照有关规章制度给予处分；构成犯罪的，依照刑法有关规定追究刑事责任。

(四) 填空题

1. 工会。(《安全生产法》第 7 条)
2. 改善安全生产条件；防止生产安全事故；参加抢险救护。(《安全生产法》第 19 条)
3. 责任人员；责任范围。(《安全生产法》第 22 条)
4. 安全生产管理机构；安全生产管理人员。(《安全生产法》第 26 条)
5. 有较大危险；安全警示。(《安全生产法》第 35 条)
6. 劳动防护；佩戴；使用。(《安全生产法》第 45 条)
7. 人身安全；停止作业。(《安全生产法》第 55 条)
8. 工伤保险；赔偿。(《安全生产法》第 56 条)
9. 分类分级；年度监督检查。(《安全生产法》第 62 条)
10. 联合检查；互通情况。(《安全生产法》第 69 条)
11. 国家利益；社会公共利益；公益。(《安全生产法》第 74 条)
12. 公益宣传教育；舆论监督。(《安全生产法》第 77 条)
13. 1 年。(《安全生产法》第 86 条)
14. 阻挠和干涉。(《安全生产法》第 88 条)
15. 1 万元以上 3 万元以下。(《安全生产法》第 96 条)

16. 人员伤亡；逃匿；人民法院。(《安全生产法》第116条)
17. 辨识标准；判定标准。(《安全生产法》第118条)

(五) 简答题

1. 答：根据《安全生产法》第8条规定，国务院和县级以上地方各级人民政府应当根据国民经济和社会发展规划制定安全生产规划，并组织实施。安全生产规划应当与国土空间规划等相关规划相衔接。

各级人民政府应当加强安全生产基础设施建设和安全生产监管能力建设，所需经费列入本级预算。

县级以上地方各级人民政府应当组织有关部门建立完善安全风险评估与论证机制，按照安全风险管控要求，进行产业规划和空间布局，并对位置相邻、行业相近、业态相似的生产经营单位实施重大安全风险联防联控。

第9条规定，国务院和县级以上地方各级人民政府应当加强对安全生产工作的领导，建立健全安全生产工作协调机制，支持、督促各有关部门依法履行安全生产监督管理职责，及时协调、解决安全生产监督管理中存在的重大问题。

乡镇人民政府和街道办事处，以及开发区、工业园区、港区、风景区等应当明确负责安全生产监督管理的有关工作机构及其职责，加强安全生产监管力量建设，按照职责对本行政区域或者管理区域内生产经营单位安全生产状况进行监督检查，协助人民政府有关部门或者按照授权依法履行安全生产监督管理职责。

2. 答：根据《安全生产法》第21条规定，生产经营单位的主要负责人对本单位安全生产工作负有下列职责：

(1) 建立健全并落实本单位全员安全生产责任制，加强安全生产标准化建设；

(2) 组织制定并实施本单位安全生产规章制度和操作规程；

(3) 组织制定并实施本单位安全生产教育和培训计划；

（4）保证本单位安全生产投入的有效实施；

（5）组织建立并落实安全风险分级管控和隐患排查治理双重预防工作机制，督促、检查本单位的安全生产工作，及时消除生产安全事故隐患；

（6）组织制定并实施本单位的生产安全事故应急救援预案；

（7）及时、如实报告生产安全事故。

3. 答：根据《安全生产法》第25条第1款规定，生产经营单位的安全生产管理机构以及安全生产管理人员履行下列职责：

（1）组织或者参与拟订本单位安全生产规章制度、操作规程和生产安全事故应急救援预案；

（2）组织或者参与本单位安全生产教育和培训，如实记录安全生产教育和培训情况；

（3）组织开展危险源辨识和评估，督促落实本单位重大危险源的安全管理措施；

（4）组织或者参与本单位应急救援演练；

（5）检查本单位的安全生产状况，及时排查生产安全事故隐患，提出改进安全生产管理的建议；

（6）制止和纠正违章指挥、强令冒险作业、违反操作规程的行为；

（7）督促落实本单位安全生产整改措施。

4. 答：根据《安全生产法》第60条第2、3款规定，工会对生产经营单位违反安全生产法律、法规，侵犯从业人员合法权益的行为，有权要求纠正；发现生产经营单位违章指挥、强令冒险作业或者发现事故隐患时，有权提出解决的建议，生产经营单位应当及时研究答复；发现危及从业人员生命安全的情况时，有权向生产经营单位建议组织从业人员撤离危险场所，生产经营单位必须立即作出处理。工会有权依法参加事故调查，向有关部门提出处理意见，并要求追究有关人员的责任。

5. 答：根据《安全生产法》第65条第1款规定，应急管理部门和其他负有安全生产监督管理职责的部门依法开展安全生产行政执法工作，对生产经营单位执行有关安全生产的法律、法规和国家标准或者行业标准的情况进行监督检查，行使以下职权：

（1）进入生产经营单位进行检查，调阅有关资料，向有关单位和人员了解情况；

（2）对检查中发现的安全生产违法行为，当场予以纠正或者要求限期改正；对依法应当给予行政处罚的行为，依照本法和其他有关法律、行政法规的规定作出行政处罚决定；

（3）对检查中发现的事故隐患，应当责令立即排除；重大事故隐患排除前或者排除过程中无法保证安全的，应当责令从危险区域内撤出作业人员，责令暂时停产停业或者停止使用相关设施、设备；重大事故隐患排除后，经审查同意，方可恢复生产经营和使用；

（4）对有根据认为不符合保障安全生产的国家标准或者行业标准的设施、设备、器材以及违法生产、储存、使用、经营、运输的危险物品予以查封或者扣押，对违法生产、储存、使用、经营危险物品的作业场所予以查封，并依法作出处理决定。

6. 答：根据《安全生产法》第114条规定，发生生产安全事故，对负有责任的生产经营单位除要求其依法承担相应的赔偿等责任外，由应急管理部门依照下列规定处以罚款：

（1）发生一般事故的，处30万元以上100万元以下的罚款；

（2）发生较大事故的，处100万元以上200万元以下的罚款；

（3）发生重大事故的，处200万元以上1000万元以下的罚款；

（4）发生特别重大事故的，处1000万元以上2000万元以下的罚款。

发生生产安全事故，情节特别严重、影响特别恶劣的，应急管理部门可以按照前款罚款数额的2倍以上5倍以下对负有责任的生产经营单位处以罚款。
7. 答：根据《安全生产法》第117条规定，危险物品，是指易燃易爆物品、危险化学品、放射性物品等能够危及人身安全和财产安全的物品。

重大危险源，是指长期地或者临时地生产、搬运、使用或者储存危险物品，且危险物品的数量等于或者超过临界量的单元（包括场所和设施）。

三、矿山安全法

（一）判断题

1. 国务院劳动行政主管部门对全国矿山安全工作实施统一监督。（　　）
2. 矿山企业必须对机电设备及其防护装置、安全检测仪器，定期检查、维修，保证使用安全。（　　）
3. 矿山企业可以录用16周岁以上的人从事矿山井下劳动。（　　）
4. 发生一般矿山事故，由矿山企业负责调查和处理。（　　）

（二）单项选择题

1. 矿山建设工程安全设施竣工后，由管理矿山企业的主管部门验收，并须有（　　）参加。
   A. 市场监督管理部门　　B. 劳动行政主管部门
   C. 监察执法部门　　　　D. 审计部门
2. 矿山企业的安全生产工作负责人为：（　　）
   A. 企业安全部门　　　　B. 矿长
   C. 工会负责人　　　　　D. 企业监管部门
3. 矿山企业职工对危害安全的行为，无权作出下列哪一举措？（　　）

A. 批评　　　　　　B. 检举

C. 控告　　　　　　D. 罢工

（三）多项选择题

1. 必须符合矿山安全规程和行业技术规范的矿山设计项目有：（　　）

    A. 供电系统

    B. 提升、运输系统

    C. 防水、排水系统和防火、灭火系统

    D. 防瓦斯系统和防尘系统

2. 县级以上人民政府管理矿山企业的主管部门对矿山安全工作行使的管理职责有：（　　）

    A. 检查矿山企业贯彻执行矿山安全法律、法规的情况

    B. 审查批准矿山建设工程安全设施的设计

    C. 负责矿山建设工程安全设施的竣工验收

    D. 检查矿山企业职工安全教育、培训工作

3. 矿山企业主管人员可被追究刑事责任的行为有：（　　）

    A. 违章指挥，因而发生重大伤亡事故

    B. 强令工人冒险作业，因而发生重大伤亡事故

    C. 恶意拖欠工人工资

    D. 对矿山事故隐患不采取措施，因而发生重大伤亡事故

（四）填空题

1. 矿山必须有与外界相通的、符合安全要求的____和____设施。

2. 矿长应当定期向____或者____报告安全生产工作，发挥职工代表大会的监督作用。
3. 矿山企业安全工作人员必须具备必要的安全专业知识和____。

（五）简答题

简述矿山企业必须采取措施进行预防的危害安全的事故隐患类型。

参考答案

（一）判断题

1. √，解析：根据《矿山安全法》第4条第1款规定。
2. √，解析：根据《矿山安全法》第16条规定。
3. ×，解析：根据《矿山安全法》第29条规定，矿山企业不得录用未成年人从事矿山井下劳动。
4. √，解析：根据《矿山安全法》第37条第1款规定。

（二）单项选择题

1. B，解析：根据《矿山安全法》第12条规定，矿山建设工程必须按照管理矿山企业的主管部门批准的设计文件施工。矿山建设工程安全设施竣工后，由管理矿山企业的主管部门验收，并须有劳动行政主管部门参加；不符合矿山安全规程和行业技术规范的，不得验收，不得投入生产。
2. B，解析：根据《矿山安全法》第20条规定，矿山企业必须建立、健全安全生产责任制。矿长对本企业的安全生产工作负责。
3. D，解析：根据《矿山安全法》第22条规定，矿山企业职工有权对危害安全的行为，提出批评、检举和控告。

(三) 多项选择题

1. ABCD，解析：根据《矿山安全法》第 9 条规定，矿山设计下列项目必须符合矿山安全规程和行业技术规范：(1) 矿井的通风系统和供风量、风质、风速；(2) 露天矿的边坡角和台阶的宽度、高度；(3) 供电系统；(4) 提升、运输系统；(5) 防水、排水系统和防火、灭火系统；(6) 防瓦斯系统和防尘系统；(7) 有关矿山安全的其他项目。

2. ABC，解析：根据《矿山安全法》第 34 条规定，县级以上人民政府管理矿山企业的主管部门对矿山安全工作行使下列管理职责：(1) 检查矿山企业贯彻执行矿山安全法律、法规的情况；(2) 审查批准矿山建设工程安全设施的设计；(3) 负责矿山建设工程安全设施的竣工验收；(4) 组织矿长和矿山企业安全工作人员的培训工作；(5) 调查和处理重大矿山事故；(6) 法律、行政法规规定的其他管理职责。根据《矿山安全法》第 33 条规定，县级以上各级人民政府劳动行政主管部门对矿山安全工作行使下列监督职责：(1) 检查矿山企业和管理矿山企业的主管部门贯彻执行矿山安全法律、法规的情况；(2) 参加矿山建设工程安全设施的设计审查和竣工验收；(3) 检查矿山劳动条件和安全状况；(4) 检查矿山企业职工安全教育、培训工作；(5) 监督矿山企业提取和使用安全技术措施专项费用的情况；(6) 参加并监督矿山事故的调查和处理；(7) 法律、行政法规规定的其他监督职责。

3. ABD，解析：根据《矿山安全法》第 46 条规定，矿山企业主管人员违章指挥、强令工人冒险作业，因而发生重大伤亡事故的，依照刑法有关规定追究刑事责任。根据《矿山安全法》第 47 条规定，矿山企业主管人员对矿山事故隐患不采取措施，因而发生重大伤亡事故的，依照刑法有关规定追究刑事责任。

(四) 填空题

1. 运输；通讯。(《矿山安全法》第 11 条)

2. 职工代表大会；职工大会。(《矿山安全法》第 21 条)
3. 矿山安全工作经验。(《矿山安全法》第 27 条)

（五）简答题

答：根据《矿山安全法》第 18 条规定，矿山企业必须对下列危害安全的事故隐患采取预防措施：

（1）冒顶、片帮、边坡滑落和地表塌陷；

（2）瓦斯爆炸、煤尘爆炸；

（3）冲击地压、瓦斯突出、井喷；

（4）地面和井下的火灾、水害；

（5）爆破器材和爆破作业发生的危害；

（6）粉尘、有毒有害气体、放射性物质和其他有害物质引起的危害；

（7）其他危害。

四、煤炭法

(一) 判断题

1. 未取得安全生产许可证的,不得从事煤炭生产。(　　)
2. 煤炭资源回采率由煤矿自行确定。(　　)
3. 煤矿企业应当对职工进行安全生产教育、培训;未经安全生产教育、培训的,不得上岗作业。(　　)

(二) 单项选择题

1. 煤矿投入生产前,煤矿企业应当依照有关安全生产的法律、行政法规的规定取得(　　)。
   A. 规划许可证　　　　B. 安全生产许可证
   C. 开采证　　　　　　D. 环评合格证
2. 因开采煤炭压占土地或者造成地表土地塌陷、挖损,由采矿者负责进行复垦,恢复到可供利用的状态;造成他人损失的,应当依法给予(　　)。
   A. 补偿　　B. 赔偿　　C. 追偿　　D. 处罚

(三) 多项选择题

1. 省、自治区、直辖市人民政府煤炭管理部门根据全国矿产资源规划规定的煤炭资源,组织(　　)本地区煤炭生产开发规划,并报国务院煤炭管理部门备案。

A. 编制   B. 制定
C. 实施   D. 施行

2. 煤矿企业的安全生产管理,实行(　　)负责制。

A. 矿务局长   B. 矿长
C. 班长   D. 个人

(四) 填空题

1. 对国民经济具有重要价值的特殊煤种或者稀缺煤种,国家实行____开采。

2. 国家鼓励煤矿企业进行复采或者开采____和____。

3. 采矿作业不得擅自开采保安煤柱,不得采用可能危及相邻煤矿生产安全的____、____、____等危险方法。

(五) 简答题

简述煤矿企业工会有权提出批评、检举和控告的情形。

参考答案

(一) 判断题

1. √,解析:根据《煤炭法》第20条规定。
2. ×,解析:根据《煤炭法》第22条第2款规定,煤炭资源回采率由国务院煤炭管理部门根据不同的资源和开采条件确定。
3. √,解析:根据《煤炭法》第33条规定。

(二) 单项选择题

1. B,解析:根据《煤炭法》第20条规定,煤矿投入生产前,煤矿企业应当依照有关安全生产的法律、行政法规的规定取得安全生产许可证。未取得安全生产许可证的，不得从事煤炭生产。
2. A，解析：根据《煤炭法》第 25 条规定，因开采煤炭压占土地或者造成地表土地塌陷、挖损，由采矿者负责进行复垦，恢复到可供利用的状态；造成他人损失的，应当依法给予补偿。

(三) 多项选择题
1. AC，解析：根据《煤炭法》第 15 条第 2 款规定，省、自治区、直辖市人民政府煤炭管理部门根据全国矿产资源规划规定的煤炭资源，组织编制和实施本地区煤炭生产开发规划，并报国务院煤炭管理部门备案。
2. AB，解析：根据《煤炭法》第 31 条，煤矿企业的安全生产管理，实行矿务局长、矿长负责制。

(四) 填空题
1. 保护性。(《煤炭法》第 21 条)
2. 边角残煤；极薄煤。(《煤炭法》第 22 条)
3. 决水；爆破；贯通巷道。(《煤炭法》第 24 条)

(五) 简答题
答：根据《煤炭法》第 35 条规定，煤矿企业工会发现企业行政方面违章指挥、强令职工冒险作业或者生产过程中发现明显重大事故隐患，可能危及职工生命安全的情况，有权提出解决问题的建议，煤矿企业行政方面必须及时作出处理决定。企业行政方面拒不处理的，工会有权提出批评、检举和控告。

五、煤矿安全监察条例

（一）判断题

1. 煤矿安全监察机构，是指国家煤矿安全监察机构和在省、自治区、直辖市设立的煤矿安全监察机构及其在所有矿区设立的煤矿安全监察办事处。（   ）
2. 煤矿安全监察机构设煤矿安全监察员。（   ）
3. 煤矿安全监察人员履行安全监察职责，不经批准不能进入煤矿作业场所进行检查。（   ）

（二）单项选择题

1. 地区煤矿安全监察机构、煤矿安全监察办事处应当每（   ）日分别向国家煤矿安全监察机构、地区煤矿安全监察机构报告一次煤矿安全监察情况。
   A. 10   B. 15
   C. 20   D. 25
2. 地区煤矿安全监察机构、煤矿安全监察办事处应当对煤矿实施（   ）。
   A. 经常性安全检查   B. 重点安全检查
   C. 全面安全检查   D. 重点安全抽查

(三) 多项选择题

1. 煤矿安全监察应当依靠：（   ）
   A. 人民群众　　　　　B. 行业组织
   C. 煤矿职工　　　　　D. 工会组织
2. 煤矿建设工程（   ），应当经煤矿安全监察机构对其安全设施和条件进行验收。
   A. 竣工后　　　　　　B. 投产前
   C. 运行中　　　　　　D. 改扩建时

(四) 填空题

1. 煤矿安全监察应当以预防为主，及时发现和消除事故隐患，有效纠正影响煤矿安全的违法行为，实行____与____相结合、____与____相结合。
2. 煤矿安全监察机构发现煤矿进行____开采的，应当责令关闭。

(五) 简答题

1. 简述煤矿作业场所有哪些情形时，被要求停止作业，限期改正。
2. 简述煤矿被要求限期改正的情形。

参考答案

（一）判断题

1. ×，解析：根据《煤矿安全监察条例》第8条规定，本条例所称煤矿安全监察机构，是指国家煤矿安全监察机构和在省、自治区、直辖市设立的煤矿安全监察机构（以下简称地区煤矿安全监察机构）及其在大中型矿区设立的煤矿安全监察办事处。
2. √，解析：根据《煤矿安全监察条例》第10条规定。
3. ×，解析：根据《煤矿安全监察条例》第14条规定，煤矿安全监察人员履行安全监察职责，有权随时进入煤矿作业场所进行检查，调阅有关资料，参加煤矿安全生产会议，向有关单位或者人员了解情况。

（二）单项选择题

1. B，解析：根据《煤矿安全监察条例》第13条规定，地区煤矿安全监察机构、煤矿安全监察办事处应当每15日分别向国家煤矿安全监察机构、地区煤矿安全监察机构报告一次煤矿安全监察情况；有重大煤矿安全问题的，应当及时采取措施并随时报告。国家煤矿安全监察机构应当定期公布煤矿安全监察情况。
2. A，解析：根据《煤矿安全监察条例》第11条规定，地区煤矿安全监察机构、煤矿安全监察办事处应当对煤矿实施经常性安全检查；对事故多发地区的煤矿，应当实施重点安全检查。国家煤矿安全监察机构根据煤矿安全工作的实际情况，组织对全国煤矿的全面安全检查或者重点安全抽查。

（三）多项选择题

1. CD，解析：根据《煤矿安全监察条例》第6条第1款规定，煤矿安全监察应当依靠煤矿职工和工会组织。
2. AB，解析：根据《煤矿安全监察条例》第22条规定，煤矿建设工程竣工后或者投产前，应当经煤矿安全监察机构对其安全设施和条件进行验收；未经验收或者验收不合格的，不得投入生产。煤矿安全监察机构对煤矿建设工程安全设施和条件进行验收，应当自收到申请验收文件之日起 30 日内验收完毕，签署合格或者不合格的意见，并书面答复。

（四）填空题
1. 安全监察；促进安全管理；教育；惩处。（《煤矿安全监察条例》第 5 条）
2. 独眼井。（《煤矿安全监察条例》第 25 条）

（五）简答题
1. 答：根据《煤矿安全监察条例》第 26 条规定，煤矿安全监察机构发现煤矿作业场所有下列情形之一的，应当责令立即停止作业，限期改正；有关煤矿或其作业场所经复查合格的，方可恢复作业：
（1）未使用专用防爆电器设备的；
（2）未使用专用放炮器的；
（3）未使用人员专用升降容器的；
（4）使用明火明电照明的。
2. 答：根据《煤矿安全监察条例》第 29 条规定，煤矿安全监察机构发现煤矿有下列情形之一的，应当责令限期改正：
（1）未依法建立安全生产责任制的；
（2）未设置安全生产机构或者配备安全生产人员的；
（3）矿长不具备安全专业知识的；
（4）特种作业人员未取得资格证书上岗作业的；
（5）分配职工上岗作业前，未进行安全教育、培训的；
（6）未向职工发放保障安全生产所需的劳动防护用品的。

六、乡镇煤矿管理条例

(一) 判断题

1. 乡镇煤矿,是指在乡(镇)、村开办的集体煤矿企业、私营煤矿企业以及除国有煤矿企业和外商投资煤矿企业以外的其他煤矿企业。(　　)

2. 煤炭资源属于全民所有。地表或者地下的煤炭资源的全民所有权,不因其所依附的土地的所有权或者使用权的不同而改变。(　　)

3. 乡镇煤矿开采煤炭资源,应当遵循开发与保护并重的原则,依法办矿,安全生产,文明生产。(　　)

4. 国家重点建设工程需要占用乡镇煤矿的生产井田时,占用单位应当按照国家有关规定给予合理补偿;对违法开办的乡镇煤矿,也可适当补偿。(　　)

5. 未取得安全生产许可证的乡镇煤矿,可以进行煤炭试生产。(　　)

6. 乡镇煤矿开采煤炭资源,应当采用合理的开采顺序和科学的采矿方法,提高资源回采率和综合利用率,防止资源的浪费。(　　)

7. 乡镇煤矿依照有关法律、法规的规定办理关闭矿山手续时,应当向原审查办矿条件煤炭工业主管部门提交有关采掘工

程、不安全隐患等资料。（　　）
8. 县级以上人民政府农业农村行政主管部门负责对乡镇煤矿安全工作的监督，并有权对取得矿长资格证书的矿长进行抽查。（　　）
9. 违反《乡镇煤矿管理条例》规定，未经煤炭工业主管部门审查同意，擅自开办乡镇煤矿的，由原审查办矿条件的煤炭工业主管部门，根据情节轻重，给予警告、5万元以下的罚款、没收违法所得或者责令停产整顿。（　　）

（二）单项选择题

1. 乡镇煤矿开采煤炭资源，必须依照有关法律、法规的规定，申请领取（　　）。

   A. 采矿许可证和销售许可证
   B. 采矿许可证和运输许可证
   C. 开采许可证和安全生产许可证
   D. 采矿许可证和安全生产许可证

2. 乡镇煤矿在国有煤矿企业矿区范围内开采边缘零星资源，必须征得该国有煤矿企业同意，并经其上级主管部门（　　）。

   A. 批准　　　　　　　B. 同意
   C. 许可　　　　　　　D. 审批

3. （　　）以上人民政府负责管理煤炭工业的部门对矿长考核合格后，应当颁发矿长资格证书。

   A. 乡级　　　　　　　B. 县级
   C. 市级　　　　　　　D. 省级

4. 乡镇煤矿发生伤亡事故,应当按照有关法律、行政法规的规定,及时如实地向(　　)人民政府、煤炭工业主管部门及其他有关主管部门报告,并立即采取有效措施,做好救护工作。

A. 乡级　　　　　　　　B. 县级
C. 上一级　　　　　　　D. 上级

(三) 多项选择题

1. 国家(　　)乡镇煤矿的发展。

A. 扶持　　　　　　　　B. 指导
C. 帮助　　　　　　　　D. 鼓励

2. 乡镇煤矿应当按照(　　)的要求,建立、健全各级安全生产责任制和安全规章制度。

A. 国家有关矿山安全的法律
B. 国家有关矿山安全的法规
C. 煤炭行业安全规程
D. 煤炭行业技术规范

3. 乡镇煤矿应当及时测绘(　　),并定期向原审查办矿条件的煤炭工业主管部门报送图纸,接受其监督、检查。

A. 井上下工程对照图　　　B. 煤矿平面图
C. 采掘工程平面图　　　　D. 通风系统图

4. 违反《乡镇煤矿管理条例》规定,未经国务院煤炭工业主管部门批准,(　　),由国务院煤炭工业主管部门或者由其授权的省、自治区、直辖市人民政府煤炭工业主管部门,根据情节轻重,分别给予警告、5 万元以下的罚款、没收违法所得或者责令停止开采。

A. 擅自进入国家规划煤炭矿区、对国民经济具有重要价值的煤炭矿区采矿的
B. 擅自开采国家规定实行保护性开采的稀缺煤种的
C. 擅自开采国有煤矿企业矿区范围内边缘零星资源的
D. 擅自开办乡镇煤矿的

（四）填空题

1. 国家对煤炭资源的开发利用实行____、____的方针。
2. 县级以上地方人民政府应当加强对乡镇煤矿的管理，依法维护乡镇煤矿的____，保护乡镇煤矿的____；对发展乡镇煤矿作出显著成绩的单位和个人给予____。
3. 申请开办乡镇煤矿，其矿区范围跨2个____以上行政区域的，由其____人民政府负责管理煤炭工业的部门审查申请人的办矿条件。
4. 乡镇煤矿的____和办矿单位的____，应当加强对煤矿安全生产工作的领导，落实安全生产责任制，采取各种有效措施，防止生产事故的发生。
5. 乡镇煤矿进行采矿作业，不得采用可能____生产安全的____、爆破、贯通巷道等危险方法。
6. 违反法律、法规关于矿山安全的规定，造成____或者财产损失的，依照有关法律、法规的规定给予处罚。

（五）简答题

1. 简述煤炭工业行业管理的任务。

2. 简述乡镇煤矿不得开采的煤炭资源的范围。
3. 简述开办乡镇煤矿必须具备的条件。

参考答案

（一）判断题

1. √，解析：根据《乡镇煤矿管理条例》第2条规定。
2. ×，解析：根据《乡镇煤矿管理条例》第3条第1款规定，煤炭资源属于国家所有。地表或者地下的煤炭资源的国家所有权，不因其所依附的土地的所有权或者使用权的不同而改变。
3. √，解析：根据《乡镇煤矿管理条例》第6条规定。
4. ×，解析：根据《乡镇煤矿管理条例》第11条规定，国家重点建设工程需要占用乡镇煤矿的生产井田时，占用单位应当按照国家有关规定给予合理补偿；但是，对违法开办的乡镇煤矿，不予补偿。
5. ×，解析：根据《乡镇煤矿管理条例》第14条规定，乡镇煤矿建成投产前，应当按照国务院关于安全生产许可证管理的规定，申请领取安全生产许可证。未取得安全生产许可证的乡镇煤矿，不得进行煤炭生产。
6. √，解析：根据《乡镇煤矿管理条例》第15条规定。
7. ×，解析：根据《乡镇煤矿管理条例》第23条规定，乡镇煤矿依照有关法律、法规的规定办理关闭矿山手续时，应当向原审查办矿条件的煤炭工业主管部门提交有关采掘工程、不安全隐患等资料。
8. ×，解析：根据《乡镇煤矿管理条例》第24条规定，县级以上人民政府劳动行政主管部门负责对乡镇煤矿安全工作的监督，并有权对取得矿长资格证书的矿长进行抽查。

9. √，解析：根据《乡镇煤矿管理条例》第 26 条规定。

（二）单项选择题

1. D，解析：根据《乡镇煤矿管理条例》第 4 条规定，乡镇煤矿开采煤炭资源，必须依照有关法律、法规的规定，申请领取采矿许可证和安全生产许可证。

2. A，解析：根据《乡镇煤矿管理条例》第 10 条规定，乡镇煤矿在国有煤矿企业矿区范围内开采边缘零星资源，必须征得该国有煤矿企业同意，并经其上级主管部门批准。

3. B，解析：根据《乡镇煤矿管理条例》第 19 条规定，县级以上人民政府负责管理煤炭工业的部门对矿长考核合格后，应当颁发矿长资格证书。

4. C，解析：根据《乡镇煤矿管理条例》第 20 条规定，乡镇煤矿发生伤亡事故，应当按照有关法律、行政法规的规定，及时如实地向上一级人民政府、煤炭工业主管部门及其他有关主管部门报告，并立即采取有效措施，做好救护工作。

（三）多项选择题

1. ABC，解析：根据《乡镇煤矿管理条例》第 5 条第 1 款规定，国家扶持、指导和帮助乡镇煤矿的发展。

2. ABCD，解析：根据《乡镇煤矿管理条例》第 17 条规定，乡镇煤矿应当按照国家有关矿山安全的法律、法规和煤炭行业安全规程、技术规范的要求，建立、健全各级安全生产责任制和安全规章制度。

3. ACD，解析：根据《乡镇煤矿管理条例》第 21 条规定，乡镇煤矿应当及时测绘井上下工程对照图、采掘工程平面图和通风系统图，并定期向原审查办矿条件的煤炭工业主管部门报送图纸，接受其监督、检查。

4. AB，解析：根据《乡镇煤矿管理条例》第 27 条规定，违反本条例规定，有下列情形之一的，由国务院煤炭工业主管部门或者由其授权的省、自治区、直辖市人民政府煤炭工业主管部门，根据情节轻重，分别给予警告、5万元以下的罚款、没收违法所得或者责令停止开采：(1) 未经国务院煤炭工业主管部门批准，擅自进入国家规划煤炭矿区、对国民经济具有重要价值的煤炭矿区采矿的，或者擅自开采国家规定实行保护性开采的稀缺煤种的；(2) 未经国有煤矿企业的上级主管部门批准，擅自开采国有煤矿企业矿区范围内边缘零星资源的。

(四) 填空题

1. 统一规划；合理布局。(《乡镇煤矿管理条例》第3条)
2. 生产秩序；合法权益；奖励。(《乡镇煤矿管理条例》第5条)
3. 县级；共同的上一级。(《乡镇煤矿管理条例》第13条)
4. 矿长；主要负责人。(《乡镇煤矿管理条例》第18条)
5. 危及相邻煤矿；决水。(《乡镇煤矿管理条例》第22条)
6. 人身伤亡。(《乡镇煤矿管理条例》第25条)

(五) 简答题

1. 答：根据《乡镇煤矿管理条例》第7条规定，煤炭工业行业管理的任务是统筹规划、组织协调、提供服务、监督检查。
2. 答：根据《乡镇煤矿管理条例》第9条规定，未经国务院煤炭工业主管部门批准，乡镇煤矿不得开采下列煤炭资源：
   (1) 国家规划煤炭矿区；
   (2) 对国民经济具有重要价值的煤炭矿区；
   (3) 国家规定实行保护性开采的稀缺煤种；
   (4) 重要河流、堤坝和大型水利工程设施下的保安煤柱；
   (5) 铁路、重要公路和桥梁下的保安煤柱；
   (6) 重要工业区、重要工程设施、机场、国防工程设施下的保安煤柱；
   (7) 不能移动的国家重点保护的历史文物、名胜古迹和国家划定的自然保护区、重要风景区下的保安煤柱；

（8）正在建设或者正在开采的矿井的保安煤柱。
3. 答：根据《乡镇煤矿管理条例》第 12 条规定，开办乡镇煤矿，必须具备下列条件：

（1）符合国家煤炭工业发展规划；

（2）有经依法批准可供开采的、无争议的煤炭资源；

（3）有与所建矿井生产规模相适应的资金、技术装备和技术人才；

（4）有经过批准的采矿设计或者开采方案；

（5）有符合国家规定的安全生产措施和环境保护措施；

（6）办矿负责人经过技术培训，并持有矿长资格证书；

（7）法律、法规规定的其他条件。

七、特种设备安全法

（一）判断题

1. 国家鼓励投保特种设备安全责任保险。（　　）
2. 国家建立缺陷特种设备召回制度。因生产原因造成特种设备存在危及安全的同一性缺陷的，特种设备生产单位应当立即停止生产，无须主动召回。（　　）

（二）单选题

1. 特种设备安装、改造、修理竣工后，安装、改造、修理的施工单位应当在验收后（　　）日内将相关技术资料和文件移交特种设备使用单位。
   A. 10　　　　　　　　B. 20
   C. 30　　　　　　　　D. 40
2. 特种设备使用单位应当按照安全技术规范的要求，在检验合格有效期届满前（　　）个月向特种设备检验机构提出定期检验要求。
   A. 1　　　　　　　　B. 2
   C. 3　　　　　　　　D. 4

（三）多选题

1. 国家对特种设备的（　　），实施分类的、全过程的安全监督管理。

   A. 生产　　　　　　　　B. 经营

   C. 使用　　　　　　　　D. 买卖

2. 以下哪些设施的设计文件，应当经负责特种设备安全监督管理的部门核准的检验机构鉴定，方可用于制造？（　　）

   A. 锅炉　　　　　　　　B. 气瓶

   C. 氧舱　　　　　　　　D. 客运索道

（四）填空题

1. 特种设备安全工作应当坚持____、____、____、____的原则。

2. 事故调查组应当____、____、____开展调查，提出事故调查报告。

（五）简答题

简述特种设备使用单位的安全技术档案应当记录的内容。

参考答案

（一）判断题

1. √，解析：根据《特种设备安全法》第 17 条规定。
2. ×，解析：根据《特种设备安全法》第 26 条第 1 款规定，国家建立缺陷特种设备召回制度。因生产原因造成特种设备存在危及安全的同一性缺陷的，特种设备生产单位应当立即停止生产，主动召回。

（二）单选题

1. C，解析：根据《特种设备安全法》第24条规定，特种设备安装、改造、修理竣工后，安装、改造、修理的施工单位应当在验收后30日内将相关技术资料和文件移交特种设备使用单位。特种设备使用单位应当将其存入该特种设备的安全技术档案。

2. A，解析：根据《特种设备安全法》第40条第1款规定，特种设备使用单位应当按照安全技术规范的要求，在检验合格有效期届满前一个月向特种设备检验机构提出定期检验要求。

（三）多选题

1. ABC，解析：根据《特种设备安全法》第4条规定，国家对特种设备的生产、经营、使用，实施分类的、全过程的安全监督管理。

2. ABCD，解析：根据《特种设备安全法》第20条第1款规定，锅炉、气瓶、氧舱、客运索道、大型游乐设施的设计文件，应当经负责特种设备安全监督管理的部门核准的检验机构鉴定，方可用于制造。

（四）填空题

1. 安全第一；预防为主；节能环保；综合治理。（《特种设备安全法》第3条）

2. 依法；独立；公正。（《特种设备安全法》第72条）

（五）简答题

答：根据《特种设备安全法》第35条规定，特种设备使用单位应当建立特种设备安全技术档案。安全技术档案应当包括以下内容：

（1）特种设备的设计文件、产品质量合格证明、安装及使用维护保养说明、监督检验证明等相关技术资料和文件；

(2) 特种设备的定期检验和定期自行检查记录；
(3) 特种设备的日常使用状况记录；
(4) 特种设备及其附属仪器仪表的维护保养记录；
(5) 特种设备的运行故障和事故记录。

八、特种设备安全监察条例

(一) 判断题

特种设备是指涉及生命安全、危险性较大的锅炉、压力容器(含气瓶)、压力管道、电梯、起重机械、客运索道、大型游乐设施和场(厂)内专用机动车辆。(　　)

(二) 单选题

特别重大事故由(　　)组织事故调查组进行调查。
A. 国务院或者国务院授权有关部门
B. 国务院特种设备安全监督管理部门会同有关部门
C. 省、自治区、直辖市特种设备安全监督管理部门会同有关部门
D. 设区的市的特种设备安全监督管理部门会同有关部门

(三) 多选题

公布特种设备安全以及能效状况,应当包括下列哪些内容?
(　　)
A. 特种设备质量安全状况
B. 特种设备事故的情况、特点、原因分析、防范对策
C. 特种设备能效状况

D. 其他需要公布的情况

（四）填空题

特种设备生产、使用单位应当建立健全特种设备____、____管理制度和岗位安全、节能责任制度。

（五）简答题

简述特种设备检验检测机构应当具备的条件。

参考答案

（一）判断题
√，解析：根据《特种设备安全监察条例》第2条第1款规定。

（二）单选题
A，解析：根据《特种设备安全监察条例》第67条规定，特别重大事故由国务院或者国务院授权有关部门组织事故调查组进行调查。重大事故由国务院特种设备安全监督管理部门会同有关部门组织事故调查组进行调查。较大事故由省、自治区、直辖市特种设备安全监督管理部门会同有关部门组织事故调查组进行调查。一般事故由设区的市的特种设备安全监督管理部门会同有关部门组织事故调查组进行调查。

（三）多选题
ABCD，解析：根据《特种设备安全监察条例》第60条规定，国务院特种设备安全监督管理部门和省、自治区、直辖市特种设备安全监督管理部门应当定期向社会公布特种设备安全以及能效状况。公布特种设备安全以及能效状况，应当包括下列内容：（1）特种设备质量安全状况；（2）特种设备事故的情况、特点、原因分析、防范对策；(3) 特种设备能效状况；(4) 其他需要公布的情况。

(四) 填空题

安全；节能。(《特种设备安全监察条例》第 5 条)

(五) 简答题

答：根据《特种设备安全监察条例》第 42 条规定，特种设备检验检测机构，应当具备下列条件：

(1) 有与所从事的检验检测工作相适应的检验检测人员；

(2) 有与所从事的检验检测工作相适应的检验检测仪器和设备；

(3) 有健全的检验检测管理制度、检验检测责任制度。

九、职业病防治法

（一）判断题

1. 劳动者依法享有职业卫生保护的权利。（　　）
2. 用人单位的工会负责人对本单位的职业病防治工作负主要责任。（　　）
3. 建设项目的职业病防护设施所需费用应当纳入建设项目工程预算，并与主体工程同时设计，同时施工，同时投入生产和使用。（　　）
4. 任何单位和个人不得生产、经营、进口和使用国家明令禁止使用的可能产生职业病危害的设备或者材料。（　　）
5. 承担职业病诊断的医疗卫生机构不得拒绝劳动者进行职业病诊断的要求。（　　）

（二）单项选择题

1. 用人单位必须依法参加哪类保险？（　　）
   A. 工伤　　　　　　　B. 医疗
   C. 生育　　　　　　　D. 失业
2. 用人单位实施的职业病危害因素日常监测应当由（　　），并确保监测系统处于正常运行状态。
   A. 专人负责　　　　　B. 领导负责

C. 工会负责　　　　D. 职工选举代表负责

3. 没有证据否定职业病危害因素与病人临床表现之间的必然联系的，应当如何处理？（　　）

　　A. 诊断为职业病　　B. 诊断为非职业病
　　C. 另行就诊　　　　D. 专家会诊后诊断

4. 职业病诊断、鉴定机构需要了解工作场所职业病危害因素情况时，可以对工作场所进行现场调查，也可以向卫生行政部门提出，卫生行政部门应当在（　　）日内组织现场调查。用人单位不得拒绝、阻挠。

　　A. 3　　　　　　　　B. 5
　　C. 10　　　　　　　D. 15

5. 用人单位对仲裁裁决不服的，可以在职业病诊断、鉴定程序结束之日起15日内依法向人民法院提起诉讼；诉讼期间，劳动者的治疗费用应当如何支付？（　　）

　　A. 用人单位按工资支付
　　B. 社会保险机构支付
　　C. 劳动者自行承担
　　D. 按照职业病待遇规定的途径支付

（三）多项选择题

1. 职业病防治工作坚持下列哪些方针？（　　）

　　A. 预防为主　　　　B. 防治结合
　　C. 应收尽收　　　　D. 应治尽治

2. 产生职业病危害的用人单位的设立除应当符合法律、行政法规规定的设立条件外，其工作场所还应当符合下列哪些职业

卫生要求？（　　）

A. 有与职业病危害防护相适应的设施

B. 生产布局合理，符合有害与无害作业分开的原则

C. 有配套的更衣间、洗浴间、孕妇休息间等卫生设施

D. 设备、工具、用具等设施符合保护劳动者生理、心理健康的要求

3. 用人单位与劳动者订立劳动合同（含聘用合同）时，应当将下列哪些内容如实告知劳动者？（　　）

A. 工作过程中可能产生的职业病危害及其后果

B. 职业病防护措施

C. 待遇

D. 职业病治疗方法

4. 劳动者享有下列哪些职业卫生保护权利？（　　）

A. 获得职业健康检查、职业病诊疗、康复等职业病防治服务

B. 了解工作场所产生或者可能产生的职业病危害因素、危害后果和应当采取的职业病防护措施

C. 要求用人单位提供符合防治职业病要求的职业病防护设施和个人使用的职业病防护用品，改善工作条件

D. 对违反职业病防治法律、法规以及危及生命健康的行为提出批评、检举和控告

5. 关于职业病诊断鉴定委员会，下列说法正确的是：（　　）

A. 由相关专业的专家组成

B. 应当按照国务院卫生行政部门颁布的职业病诊断标准和职业病诊断、鉴定办法进行职业病诊断鉴定，向当事人

出具职业病诊断鉴定书

C. 组成人员应当遵守职业道德，客观、公正地进行诊断鉴定，并承担相应的责任

D. 需要对职业病争议作出诊断鉴定时，由当事人或者当事人委托有关卫生行政部门从专家库中以随机抽取的方式确定参加诊断鉴定委员会的专家

（四）填空题

1. 用人单位必须采用有效的职业病防护设施，并为劳动者提供个人使用的____。
2. 国内首次____或者首次____与职业病危害有关的化学材料，使用单位或者进口单位按照国家规定经国务院有关部门批准后，应当向____报送该化学材料的毒性鉴定以及经有关部门登记注册或者批准进口的文件等资料。
3. 用人单位应当为劳动者建立____档案，并按照规定的期限妥善保存。
4. ____负责本行政区域内的职业病统计报告的管理工作，并按照规定上报。
5. 疑似职业病病人在诊断、医学观察期间的费用，由____承担。

（五）简答题

简述用人单位应当采取的职业病防治管理措施。

九、职业病防治法

参考答案

（一）判断题

1. √，解析：根据《职业病防治法》第 4 条第 1 款规定。
2. ×，解析：根据《职业病防治法》第 6 条规定，用人单位的主要负责人对本单位的职业病防治工作全面负责。
3. √，解析：根据《职业病防治法》第 18 条第 1 款规定。
4. √，解析：根据《职业病防治法》第 30 条规定。
5. √，解析：根据《职业病防治法》第 43 条第 3 款规定。

（二）单项选择题

1. A，解析：根据《职业病防治法》第 7 条规定，用人单位必须依法参加工伤保险。国务院和县级以上地方人民政府劳动保障行政部门应当加强对工伤保险的监督管理，确保劳动者依法享受工伤保险待遇。
2. A，解析：根据《职业病防治法》第 26 条第 1 款规定，用人单位应当实施由专人负责的职业病危害因素日常监测，并确保监测系统处于正常运行状态。
3. A，解析：根据《职业病防治法》第 46 条第 2 款规定，没有证据否定职业病危害因素与病人临床表现之间的必然联系的，应当诊断为职业病。
4. C，解析：根据《职业病防治法》第 47 条第 2 款规定，职业病诊断、鉴定机构需要了解工作场所职业病危害因素情况时，可以对工作场所进行现场调查，也可以向卫生行政部门提出，卫生行政部门应当在 10 日内组织现场调查。用人单位不得拒绝、阻挠。
5. D，解析：根据《职业病防治法》第 49 条第 4 款规定，用人单位对仲裁裁决不服的，可以在职业病诊断、鉴定程序结束之日起 15 日内依法向人民法院提起诉讼；诉讼期间，劳动者的治疗费用按照职业病待遇规定的途径支付。

(三) 多项选择题

1. AB，解析：根据《职业病防治法》第3条规定，职业病防治工作坚持预防为主、防治结合的方针，建立用人单位负责、行政机关监管、行业自律、职工参与和社会监督的机制，实行分类管理、综合治理。

2. ABCD，解析：根据《职业病防治法》第15条规定，产生职业病危害的用人单位的设立除应当符合法律、行政法规规定的设立条件外，其工作场所还应当符合下列职业卫生要求：(1) 职业病危害因素的强度或者浓度符合国家职业卫生标准；(2) 有与职业病危害防护相适应的设施；(3) 生产布局合理，符合有害与无害作业分开的原则；(4) 有配套的更衣间、洗浴间、孕妇休息间等卫生设施；(5) 设备、工具、用具等设施符合保护劳动者生理、心理健康的要求；(6) 法律、行政法规和国务院卫生行政部门关于保护劳动者健康的其他要求。

3. ABC，解析：根据《职业病防治法》第33条规定，用人单位与劳动者订立劳动合同（含聘用合同，下同）时，应当将工作过程中可能产生的职业病危害及其后果、职业病防护措施和待遇等如实告知劳动者，并在劳动合同中写明，不得隐瞒或者欺骗。劳动者在已订立劳动合同期间因工作岗位或者工作内容变更，从事与所订立劳动合同中未告知的存在职业病危害的作业时，用人单位应当依照前款规定，向劳动者履行如实告知的义务，并协商变更原劳动合同相关条款。用人单位违反前两款规定的，劳动者有权拒绝从事存在职业病危害的作业，用人单位不得因此解除与劳动者所订立的劳动合同。

4. ABCD，解析：根据《职业病防治法》第39条规定，劳动者享有下列职业卫生保护权利：(1) 获得职业卫生教育、培训；(2) 获得职业健康检查、职业病诊疗、康复等职业病防治服务；(3) 了

九、职业病防治法

解工作场所产生或者可能产生的职业病危害因素、危害后果和应当采取的职业病防护措施；（4）要求用人单位提供符合防治职业病要求的职业病防护设施和个人使用的职业病防护用品，改善工作条件；（5）对违反职业病防治法律、法规以及危及生命健康的行为提出批评、检举和控告；（6）拒绝违章指挥和强令进行没有职业病防护措施的作业；（7）参与用人单位职业卫生工作的民主管理，对职业病防治工作提出意见和建议。用人单位应当保障劳动者行使前款所列权利。因劳动者依法行使正当权利而降低其工资、福利等待遇或者解除、终止与其订立的劳动合同的，其行为无效。

5. ABCD，解析：根据《职业病防治法》第53条规定，职业病诊断鉴定委员会由相关专业的专家组成。省、自治区、直辖市人民政府卫生行政部门应当设立相关的专家库，需要对职业病争议作出诊断鉴定时，由当事人或者当事人委托有关卫生行政部门从专家库中以随机抽取的方式确定参加诊断鉴定委员会的专家。职业病诊断鉴定委员会应当按照国务院卫生行政部门颁布的职业病诊断标准和职业病诊断、鉴定办法进行职业病诊断鉴定，向当事人出具职业病诊断鉴定书。职业病诊断、鉴定费用由用人单位承担。根据《职业病防治法》第54条第1款规定，职业病诊断鉴定委员会组成人员应当遵守职业道德，客观、公正地进行诊断鉴定，并承担相应的责任。职业病诊断鉴定委员会组成人员不得私下接触当事人，不得收受当事人的财物或者其他好处，与当事人有利害关系的，应当回避。

（四）填空题

1. 职业病防护用品。（《职业病防治法》第22条）
2. 使用；进口；国务院卫生行政部门。（《职业病防治法》第29条）
3. 职业健康监护。（《职业病防治法》第36条）
4. 县级以上地方人民政府卫生行政部门。（《职业病防治法》第51

条)

5. 用人单位。(《职业病防治法》第55条)

(五) 简答题

答：根据《职业病防治法》第20条规定，用人单位应当采取下列职业病防治管理措施：

(1) 设置或者指定职业卫生管理机构或者组织，配备专职或者兼职的职业卫生管理人员，负责本单位的职业病防治工作；

(2) 制定职业病防治计划和实施方案；

(3) 建立、健全职业卫生管理制度和操作规程；

(4) 建立、健全职业卫生档案和劳动者健康监护档案；

(5) 建立、健全工作场所职业病危害因素监测及评价制度；

(6) 建立、健全职业病危害事故应急救援预案。

十、劳动法

（一）判断题

1. 《劳动法》不包括社会保险和福利的内容。（　　）
2. 在中华人民共和国境内的企业、个体经济组织和与之形成劳动关系的劳动者，适用《劳动法》。（　　）
3. 妇女享有与男子平等的就业权利。在录用职工时，除国家规定的不适合妇女的工种或者岗位外，不得以性别为由拒绝录用妇女或者提高对妇女的录用标准。（　　）
4. 建立劳动关系可以不订立劳动合同。（　　）
5. 劳动合同不具有法律约束力。（　　）
6. 劳动合同不能解除。（　　）
7. 用人单位依据规定裁减人员，在6个月内录用人员的，应当优先录用被裁减的人员。（　　）
8. 企业职工一方与企业可以就劳动报酬、工作时间、休息休假、劳动安全卫生、保险福利等事项，签订集体合同。（　　）
9. 用人单位应当保证劳动者每周至少休息1日。（　　）
10. 用人单位必须为劳动者提供符合国家规定的劳动安全卫生条件和必要的劳动防护用品，对从事有职业危害作业的劳动者应当不定期进行健康检查。（　　）

11. 可以安排女职工从事矿山井下、国家规定的第四级体力劳动强度的劳动。（　　）

12. 劳动者死亡后，其遗属不能享受遗属津贴。（　　）

13. 用人单位招用尚未解除劳动合同的劳动者，对原用人单位造成经济损失的，该用人单位不用承担连带赔偿责任。（　　）

14. 劳动者就业，不因民族、种族、性别、宗教信仰不同而受歧视。（　　）

15. 工资分配应当遵循按劳分配原则，实行区别待遇。（　　）

16. 女职工生育享受不少于120天的产假。（　　）

17. 国家对女职工和未成年工实行特殊劳动保护。（　　）

18. 用人单位招用尚未解除劳动合同的劳动者，对原用人单位造成经济损失的，该用人单位应当依法承担补充赔偿责任。（　　）

（二）单项选择题

1. 用人单位濒临破产进行法定整顿期间或者生产经营状况发生严重困难，确需裁减人员的，应当提前（　　）日向工会或者全体职工说明情况，听取工会或者职工的意见，经向劳动行政部门报告后，可以裁减人员。

    A. 45　　　　　　　　　B. 30
    C. 15　　　　　　　　　D. 7

2. 用人单位应当保证劳动者每周至少休息（　　）日。

    A. 1　　　　　　　　　B. 2
    C. 2.5　　　　　　　　D. 3

3. 安排劳动者延长工作时间的，用人单位应当支付工资报酬的数额不低于工资的（　　）。

   A. 150%　　　　　　　　B. 200%

   C. 300%　　　　　　　　D. 250%

4. 对怀孕（　　）个月以上的女职工，不得安排其延长工作时间和夜班劳动。

   A. 6　　　　　　　　　　B. 7

   C. 8　　　　　　　　　　D. 9

5. 劳动争议当事人对仲裁裁决不服的，可以自收到仲裁裁决书之日起（　　）日内向人民法院提起诉讼。

   A. 5　　　　　　　　　　B. 10

   C. 15　　　　　　　　　D. 30

（三）多项选择题

1. 劳动者享有的权利有：（　　）

   A. 平等就业和选择职业

   B. 取得劳动报酬

   C. 休息休假

   D. 获得劳动安全卫生保护

2. 劳动合同应当包括以下哪些条款？（　　）

   A. 劳动合同期限　　　　B. 工作内容

   C. 劳动保护和劳动条件　D. 劳动报酬

3. 劳动合同期限有以下哪几种？（　　）

   A. 固定期限

   B. 无固定期限

C. 以完成一定的工作为期限

D. 不定时期限

4. 有下列哪些情形，劳动者可以随时通知用人单位解除劳动合同？（　　）

   A. 在试用期内的

   B. 失去劳动能力的

   C. 用人单位以暴力、威胁或者非法限制人身自由的手段强迫劳动的

   D. 用人单位未按照劳动合同约定支付劳动报酬或者提供劳动条件的

5. 确定和调整最低工资标准应当综合参考的因素有：（　　）

   A. 社会平均工资水平

   B. 劳动生产率

   C. 就业状况

   D. 地区之间经济发展水平的差异

（四）填空题

1. 禁止用人单位招用未满____周岁的未成年人。

2. 劳动合同应当以____形式订立。

3. 国家实行劳动者每日工作时间不超过____、平均每周工作时间不超过____的工时制度。

4. 劳动者连续工作____以上的，享受带薪年休假。

5. 工资应当以____形式____支付给劳动者本人。不得克扣或者无故拖欠劳动者的工资。

(五)简答题

简述解除劳动合同需要支付经济补偿金的情形。

参考答案

(一)判断题

1. ×,解析:《劳动法》第九章的内容就是关于"社会保险和福利"的。
2. √,解析:根据《劳动法》第 2 条规定。
3. √,解析:根据《劳动法》第 13 条规定。
4. ×,解析:根据《劳动法》第 16 条第 2 款规定,建立劳动关系应当订立劳动合同。
5. ×,解析:根据《劳动法》第 17 条第 2 款规定,劳动合同依法订立即具有法律约束力,当事人必须履行劳动合同规定的义务。
6. ×,解析:根据《劳动法》第 24 条规定,经劳动合同当事人协商一致,劳动合同可以解除。
7. √,解析:根据《劳动法》第 27 条规定。
8. √,解析:根据《劳动法》第 33 条规定。
9. √,解析:根据《劳动法》第 38 条规定。
10. ×,解析:根据《劳动法》第 54 条规定,用人单位必须为劳动者提供符合国家规定的劳动安全卫生条件和必要的劳动防护用品,对从事有职业危害作业的劳动者应当定期进行健康检查。
11. ×,解析:根据《劳动法》第 59 条规定,禁止安排女职工从事矿山井下、国家规定的第四级体力劳动强度的劳动和其他禁忌从事的劳动。
12. ×,解析:根据《劳动法》第 73 条规定,劳动者在下列情形下,依法享受社会保险待遇：（1）退休；（2）患病、负伤；（3）因工伤残或者患职业病；（4）失业；（5）生育。劳动者死亡后，其遗属依法享受遗属津贴。劳动者享受社会保险待遇的条件和标准由法律、法规规定。劳动者享受的社会保险金必须按时足额支付。

13. ×，解析：根据《劳动法》第99条规定，用人单位招用尚未解除劳动合同的劳动者，对原用人单位造成经济损失的，该用人单位应当依法承担连带赔偿责任。

14. √，解析：根据《劳动法》第12条规定。

15. ×，解析：根据《劳动法》第46条第1款规定，工资分配应当遵循按劳分配原则，实行同工同酬。

16. ×，解析：根据《劳动法》第62条规定，女职工生育享受不少于90天的产假。

17. √，解析：根据《劳动法》第58条第1款规定。

18. ×，解析：根据《劳动法》第99条规定，用人单位招用尚未解除劳动合同的劳动者，对原用人单位造成经济损失的，该用人单位应当依法承担连带赔偿责任。

（二）单项选择题

1. B，解析：根据《劳动法》第27条第1款规定，用人单位濒临破产进行法定整顿期间或者生产经营状况发生严重困难，确需裁减人员的，应当提前30日向工会或者全体职工说明情况，听取工会或者职工的意见，经向劳动行政部门报告后，可以裁减人员。

2. A，解析：根据《劳动法》第38条规定，用人单位应当保证劳动者每周至少休息1日。

3. A，解析：根据《劳动法》第44条规定，有下列情形之一的，用人单位应当按照下列标准支付高于劳动者正常工作时间工资的工资报酬：（1）安排劳动者延长工作时间的，支付不低于工资的150%的工资报酬；（2）休息日安排劳动者工作又不能安排补休的，支付不低于工资的200%的工资报酬；（3）法定休假日安排劳动者工作的，支付不低于工资的300%的工资报酬。

4. B，解析：根据《劳动法》第61条规定，不得安排女职工在怀孕期间从事国家规定的第三级体力劳动强度的劳动和孕期禁忌从事的劳动。对怀孕7个月以上的女职工，不得安排其延长工作时间和夜班劳动。

5. C，解析：根据《劳动法》第83条规定，劳动争议当事人对仲裁裁决不服的，可以自收到仲裁裁决书之日起15日内向人民法院提起诉讼。一方当事人在法定期限内不起诉又不履行仲裁裁决的，另一方当事人可以申请人民法院强制执行。

（三）多项选择题

1. ABCD，解析：根据《劳动法》第3条第1款规定，劳动者享有平等就业和选择职业的权利、取得劳动报酬的权利、休息休假的权利、获得劳动安全卫生保护的权利、接受职业技能培训的权利、享受社会保险和福利的权利、提请劳动争议处理的权利以及法律规定的其他劳动权利。

2. ABCD，解析：根据《劳动法》第19条第1款规定，劳动合同应当以书面形式订立，并具备以下条款：（1）劳动合同期限；（2）工作内容；（3）劳动保护和劳动条件；（4）劳动报酬；（5）劳动纪律；（6）劳动合同终止的条件；（7）违反劳动合同的责任。

3. ABC，解析：根据《劳动法》第20条第1款规定，劳动合同的期限分为有固定期限、无固定期限和以完成一定的工作为期限。

4. ACD，解析：根据《劳动法》第32条规定，有下列情形之一的，劳动者可以随时通知用人单位解除劳动合同：（1）在试用期内的；（2）用人单位以暴力、威胁或者非法限制人身自由的手段强迫劳动的；（3）用人单位未按照劳动合同约定支付劳动报酬或者提供劳动条件的。

5. ABCD，解析：根据《劳动法》第49条规定，确定和调整最低工资标准应当综合参考下列因素：（1）劳动者本人及平均赡养人口的最低生活费用；（2）社会平均工资水平；（3）劳动生产率；（4）就业状况；（5）地区之间经济发展水平的差异。

（四）填空题

1. 16。(《劳动法》第15条)

2. 书面。(《劳动法》第19条)

3. 8小时；44小时。(《劳动法》第36条)

4. 1年。(《劳动法》第45条)

5. 货币；按月。(《劳动法》第50条)

（五）简答题

答：根据《劳动法》第28条规定，用人单位依据本法第24条、第26条、第27条的规定解除劳动合同的，应当依照国家有关规定给予经济补偿：

（1）根据《劳动法》第24条规定，经劳动合同当事人协商一致，劳动合同可以解除。

（2）根据《劳动法》第26条规定，有下列情形之一的，用人单位可以解除劳动合同，但是应当提前30日以书面形式通知劳动者本人：①劳动者患病或者非因工负伤，医疗期满后，不能从事原工作也不能从事由用人单位另行安排的工作的；②劳动者不能胜任工作，经过培训或者调整工作岗位，仍不能胜任工作的；③劳动合同订立时所依据的客观情况发生重大变化，致使原劳动合同无法履行，经当事人协商不能就变更劳动合同达成协议的。

（3）根据《劳动法》第27条第1款规定，用人单位濒临破产进行法定整顿期间或者生产经营状况发生严重困难，确需裁减人员的，应当提前30日向工会或者全体职工说明情况，听取工会或者职工的意见，经向劳动行政部门报告后，可以裁减人员。

十一、突发事件应对法

（一）判断题

1. 突发事件，是指突然发生，造成或者可能造成严重社会危害，需要采取应急处置措施予以应对的自然灾害、事故灾难、公共卫生事件和社会安全事件。（　　）
2. 县级以上人民政府应当建立健全突发事件应急管理培训制度，对人民政府及其有关部门负有处置突发事件职责的工作人员定期进行培训。（　　）
3. 新闻媒体可有偿开展突发事件预防与应急、自救与互救知识的宣传。（　　）
4. 有关单位和人员报送、报告突发事件信息，应当做到及时、客观、真实，不得迟报、谎报、瞒报、漏报。（　　）

（二）单项选择题

1. 突发事件应对工作的原则是：（　　）
    A. 应急为主
    B. 预防为主、预防与应急相结合
    C. 预防为主
    D. 预防或应急为主
2. 县级人民政府应当在居民委员会、村民委员会和有关单位建立专职或者兼职信息（　　）。

A. 申请制度　　　　　B. 审批制度
C. 备案制度　　　　　D. 报告员制度

3. 一级自然灾害、事故灾害或公共卫生事件用下列哪种颜色标示？（　　）

A. 红色　　　　　　　B. 橙色
C. 黄色　　　　　　　D. 蓝色

（三）多项选择题

1. 按照社会危害程度、影响范围等因素，自然灾害、事故灾难、公共卫生事件可分为四级，具体包括：（　　）

A. 特别重大　　　　　B. 重大
C. 较大　　　　　　　D. 一般

2. 国家鼓励公民、法人和其他组织为人民政府应对突发事件工作提供（　　）。

A. 物资　　　　　　　B. 资金
C. 技术支持　　　　　D. 捐赠

3. 关于我国的突发事件应对，下列说法正确的有：（　　）

A. 国家建立健全突发事件监测制度
B. 国家建立健全突发事件预警制度
C. 国家建立健全应急通信保障体系
D. 国家建立健全应急物资储备保障制度

4. 可以预警的自然灾害、事故灾难和公共卫生事件的预警级别，按照突发事件发生的紧急程度、发展态势和可能造成的危害程度分为：（　　）

A. 一级　　　　　　　B. 二级

C. 三级　　　　　　　　D. 四级

（四）填空题

1. 国家建立____、____、____、____、____的应急管理体制。
2. 因采取突发事件应对措施，诉讼、行政复议、仲裁活动不能正常进行的，适用有关____和____的规定，但法律另有规定的除外。
3. 国务院建立____的突发事件信息系统。
4. 履行统一领导职责或者组织处置突发事件的人民政府，应当按照有关规定____、____、____发布有关突发事件事态发展和应急处置工作的信息。

（五）简答题

简述突发事件发生时需要对有关单位处以罚款的情形。

参考答案

（一）判断题

1. √，解析：根据《突发事件应对法》第3条第1款规定。
2. √，解析：根据《突发事件应对法》第25条规定。
3. ×，解析：根据《突发事件应对法》第29条第3款规定，新闻媒体应当无偿开展突发事件预防与应急、自救与互救知识的公益宣传。
4. √，解析：根据《突发事件应对法》第39条第2款规定。

（二）单项选择题

1. B，解析：根据《突发事件应对法》第5条规定，突发事件应对工作实行预防为主、预防与应急相结合的原则。国家建立重大突发事件风险评估体系，对可能发生的突发事件进行综合性评估，减少重大突发事件的发生，最大限度地减轻重大突发事件的影响。

2. D，解析：根据《突发事件应对法》第38条第2款规定，县级人民政府应当在居民委员会、村民委员会和有关单位建立专职或者兼职信息报告员制度。

3. A，解析：根据《突发事件应对法》第42条第2款规定，可以预警的自然灾害、事故灾难和公共卫生事件的预警级别，按照突发事件发生的紧急程度、发展势态和可能造成的危害程度分为一级、二级、三级和四级，分别用红色、橙色、黄色和蓝色标示，一级为最高级别。

（三）多项选择题

1. ABCD，解析：根据《突发事件应对法》第3条第2款规定，按照社会危害程度、影响范围等因素，自然灾害、事故灾难、公共卫生事件分为特别重大、重大、较大和一般四级。法律、行政法规或者国务院另有规定的，从其规定。

2. ABCD，解析：根据《突发事件应对法》第34条规定，国家鼓励公民、法人和其他组织为人民政府应对突发事件工作提供物资、资金、技术支持和捐赠。

3. ABCD，解析：根据《突发事件应对法》第32条第1款规定，国家建立健全应急物资储备保障制度，完善重要应急物资的监管、生产、储备、调拨和紧急配送体系。第33条规定，国家建立健全应急通信保障体系，完善公用通信网，建立有线与无线相结合、基础电信网络与机动通信系统相配套的应急通信系统，确保突发事件应对工作的通信畅通。第41条第1款规定，国家建立健全突发事件监测制度。第42条第1款规定，国家建立健全突发事件预警制度。

4. ABCD，解析：根据《突发事件应对法》第 42 条第 2 款规定，可以预警的自然灾害、事故灾难和公共卫生事件的预警级别，按照突发事件发生的紧急程度、发展势态和可能造成的危害程度分为一级、二级、三级和四级，分别用红色、橙色、黄色和蓝色标示，一级为最高级别。

（四）填空题

1. 统一领导；综合协调；分类管理；分级负责；属地管理为主。（《突发事件应对法》第 4 条）

2. 时效中止；程序中止。（《突发事件应对法》第 13 条）

3. 全国统一。（《突发事件应对法》第 37 条）

4. 统一；准确；及时。（《突发事件应对法》第 53 条）

（五）简答题

答：根据《突发事件应对法》第 64 条第 1 款规定，有关单位有下列情形之一的，由所在地履行统一领导职责的人民政府责令停产停业，暂扣或者吊销许可证或者营业执照，并处 5 万元以上 20 万元以下的罚款；构成违反治安管理行为的，由公安机关依法给予处罚：

（1）未按规定采取预防措施，导致发生严重突发事件的；

（2）未及时消除已发现的可能引发突发事件的隐患，导致发生严重突发事件的；

（3）未做好应急设备、设施日常维护、检测工作，导致发生严重突发事件或者突发事件危害扩大的；

（4）突发事件发生后，不及时组织开展应急救援工作，造成严重后果的。

十二、环境保护法

（一）判断题

1. 提起环境损害赔偿诉讼的时效期间为3年。（　　）
2. 企业事业单位和其他生产经营者违法排放污染物，受到罚款处罚，被责令改正，拒不改正的，依法作出处罚决定的行政机关可以自责令改正之日起，按照原处罚数额按日连续处罚。（　　）
3. 未依法进行环境影响评价的开发利用规划，不得组织实施；未依法进行环境影响评价的建设项目，不得开工建设。（　　）
4. 企业事业单位和其他生产经营者，为改善环境，依照有关规定转产、搬迁、关闭的，人民政府应当予以支持。（　　）
5. 国家对严重污染环境的工艺、设备和产品实行停产整顿。（　　）

（二）单项选择题

1. 排放污染物的企业事业单位，应当建立（　　）责任制度，明确单位负责人和相关人员的责任。
   A. 环境保护　　　　　　　B. 污染防治
   C. 终身问责　　　　　　　D. 首问负责

2. 关于排污费，下列说法错误的是：（　　）
   A. 排放污染物的企业事业单位和其他生产经营者应当缴纳
   B. 排污费应当全部专项用于环境污染防治
   C. 按照排污许可证的要求排放污染物，可以免征排污费
   D. 依照法律规定征收环境保护税的，不再征收排污费
3. 应当由（　　）建立环境污染公共监测预警机制，组织制定预警方案。
   A. 国务院
   B. 省级人民政府
   C. 市级人民政府生态环境主管部门
   D. 县级以上人民政府
4. 国家对生态保护地区的财政政策是：（　　）
   A. 降低财政贷款利率　　B. 加大财政转移支付力度
   C. 免收环境污染防治税　D. 提高污染企业税收
5. 下列企事业单位的做法，哪一项是错误的？（　　）
   A. 企业优先使用清洁能源，采用资源利用率高、污染物排放量少的工艺、设备以及废弃物综合利用技术和污染物无害化处理技术，减少污染物的产生
   B. 重点排污单位按照国家有关规定和监测规范安装使用监测设备，保证监测设备正常运行，保存原始监测记录
   C. 企业事业单位按照国家有关规定制定突发环境事件应急预案，报所在地市级以上人民政府备案
   D. 实行排污许可管理的企业事业单位和其他生产经营者按照排污许可证的要求排放污染物

（三）多项选择题

1. 国家建立跨行政区域的重点区域、流域环境污染和生态破坏联合防治协调机制，实行下列哪些举措？（　　）
    A. 统一规划
    B. 统一标准
    C. 统一监测
    D. 统一的防治措施

2. 国家在哪些区域划定生态保护红线，实行严格保护？（　　）
    A. 重点生态功能区
    B. 重要的水源涵养区
    C. 生态环境敏感区和脆弱区
    D. 珍稀、濒危的野生动植物自然分布区域

3. 关于县级以上人民政府环境保护主管部门的职责，下列选项正确的是：（　　）
    A. 应当依法公开环境质量、环境监测、突发环境事件以及环境行政许可、行政处罚、排污费的征收和使用情况等信息
    B. 应当将企业事业单位和其他生产经营者的环境违法信息记入社会诚信档案，及时向社会公布违法者名单
    C. 对本行政区域环境保护工作实施统一监督管理
    D. 对企业事业单位和其他生产经营者违反法律法规规定排放污染物，造成或者可能造成严重污染的，可以查封、扣押造成污染物排放的设施、设备

4. 关于环境质量标准的制定，下列说法正确的是：（　　）
    A. 国家环境质量标准由国务院环境保护主管部门制定

B. 省、自治区、直辖市人民政府可以对国家环境质量标准中未作规定的项目制定地方环境质量标准

C. 地方环境质量标准可以低于国家环境质量标准

D. 地方环境质量标准应当报上一级政府备案

5. 建设项目中防治污染的设施应当与主体工程（　　　）。

A. 同时设计　　　　　　B. 同时审批

C. 同时施工　　　　　　D. 同时投产使用

6. 下列关于环境保护的说法错误的是：（　　　）

A. 县级以上人民政府应当将环境保护工作纳入国民经济和社会发展规划

B. 国务院根据国民经济和社会发展规划编制国家环境保护规划，报全国人大常委会批准并公布实施

C. 县级以上地方人民政府根据国家环境保护规划的要求，编制本行政区域的环境保护规划，报同级人大常委会批准并公布实施

D. 国务院有关部门和省、自治区、直辖市人民政府组织制定经济、技术政策，应当充分考虑对环境的影响，听取有关方面和专家的意见

（四）填空题

1. 每年＿＿月＿＿日为环境日。

2. 企业事业单位和其他生产经营者超过污染物排放标准或者超过重点污染物排放总量控制指标排放污染物的，县级以上人民政府环境保护主管部门可以责令其采取＿＿＿、＿＿＿等措施。

3. 违反《环境保护法》规定，重点排污单位____或者____环境信息的，由县级以上地方人民政府环境保护主管部门责令公开，处以罚款，并予以公告。

4. 公民应当遵守环境保护法律法规，配合实施环境保护措施，按照规定对生活废弃物进行____，减少日常生活对环境造成的损害。

5. 重点排污单位应当如实向社会公开其主要污染物的名称、____、排放浓度和总量、超标排放情况，以及____的建设和运行情况，接受社会监督。

（五）简答题

简述可以提起环境公益诉讼的公益组织需满足的条件。

参考答案

（一）判断题

1. √，解析：根据《环境保护法》第66条规定。
2. ×，解析：根据《环境保护法》第59条第1款规定，企业事业单位和其他生产经营者违法排放污染物，受到罚款处罚，被责令改正，拒不改正的，依法作出处罚决定的行政机关可以自责令改正之日的次日起，按照原处罚数额按日连续处罚。
3. √，解析：根据《环境保护法》第19条第2款规定。
4. √，解析：根据《环境保护法》第23条规定。
5. ×，解析：根据《环境保护法》第46条第1款规定，国家对严重污染环境的工艺、设备和产品实行淘汰制度。任何单位和个人不得生产、销售或者转移、使用严重污染环境的工艺、设备和产品。

（二）单项选择题

1. A，解析：根据《环境保护法》第42条第2款规定，排放污染物的企业事业单位，应当建立环境保护责任制度，明确单位负责人和相关人员的责任。

2. C，解析：根据《环境保护法》第43条规定，排放污染物的企业事业单位和其他生产经营者，应当按照国家有关规定缴纳排污费。排污费应当全部专项用于环境污染防治，任何单位和个人不得截留、挤占或者挪作他用。依照法律规定征收环境保护税的，不再征收排污费。

3. D，解析：根据《环境保护法》第47条第2款规定，县级以上人民政府应当建立环境污染公共监测预警机制，组织制定预警方案；环境受到污染，可能影响公众健康和环境安全时，依法及时公布预警信息，启动应急措施。

4. B，解析：根据《环境保护法》第31条规定，国家建立、健全生态保护补偿制度。国家加大对生态保护地区的财政转移支付力度。有关地方人民政府应当落实生态保护补偿资金，确保其用于生态保护补偿。国家指导受益地区和生态保护地区人民政府通过协商或者按照市场规则进行生态保护补偿。

5. C，解析：根据《环境保护法》第47条第3款规定，企业事业单位应当按照国家有关规定制定突发环境事件应急预案，报环境保护主管部门和有关部门备案。在发生或者可能发生突发环境事件时，企业事业单位应当立即采取措施处理，及时通报可能受到危害的单位和居民，并向环境保护主管部门和有关部门报告。

（三）多项选择题

1. ABCD，解析：根据《环境保护法》第20条第1款规定，国家建立跨行政区域的重点区域、流域环境污染和生态破坏联合防治协调机制，实行统一规划、统一标准、统一监测、统一的防治措施。

2. AC，解析：根据《环境保护法》第 29 条第 1 款规定，国家在重点生态功能区、生态环境敏感区和脆弱区等区域划定生态保护红线，实行严格保护。

3. ABCD，解析：根据《环境保护法》第 54 条规定，国务院环境保护主管部门统一发布国家环境质量、重点污染源监测信息及其他重大环境信息。省级以上人民政府环境保护主管部门定期发布环境状况公报。县级以上人民政府环境保护主管部门和其他负有环境保护监督管理职责的部门，应当依法公开环境质量、环境监测、突发环境事件以及环境行政许可、行政处罚、排污费的征收和使用情况等信息。县级以上地方人民政府环境保护主管部门和其他负有环境保护监督管理职责的部门，应当将企业事业单位和其他生产经营者的环境违法信息记入社会诚信档案，及时向社会公布违法者名单。根据《环境保护法》第 10 条第 1 款规定，县级以上地方人民政府环境保护主管部门，对本行政区域环境保护工作实施统一监督管理。根据《环境保护法》第 25 条规定，企业事业单位和其他生产经营者违反法律法规规定排放污染物，造成或者可能造成严重污染的，县级以上人民政府环境保护主管部门和其他负有环境保护监督管理职责的部门，可以查封、扣押造成污染物排放的设施、设备。

4. AB，解析：根据《环境保护法》第 15 条规定，国务院环境保护主管部门制定国家环境质量标准。省、自治区、直辖市人民政府对国家环境质量标准中未作规定的项目，可以制定地方环境质量标准；对国家环境质量标准中已作规定的项目，可以制定严于国家环境质量标准的地方环境质量标准。地方环境质量标准应当报国务院环境保护主管部门备案。

5. ACD，解析：根据《环境保护法》第 41 条规定，建设项目中防治污染的设施，应当与主体工程同时设计、同时施工、同时投产使用。防治污染的设施应当符合经批准的环境影响评价文件的要求，不得擅自拆除或者闲置。

6. BC，解析：根据《环境保护法》第 13 条规定，县级以上人民政府应当将环境保护工作纳入国民经济和社会发展规划。国务院环境保护主管部门会同有关部门，根据国民经济和社会发展规划编制国家环境保护规划，报国务院批准并公布实施。县级以上地方人民政府环境保护主管部门会同有关部门，根据国家环境保护规划的要求，编制本行政区域的环境保护规划，报同级人民政府批准并公布实施。环境保护规划的内容应当包括生态保护和污染防治的目标、任务、保障措施等，并与主体功能区规划、土地利用总体规划和城乡规划等相衔接。根据《环境保护法》第 14 条规定，国务院有关部门和省、自治区、直辖市人民政府组织制定经济、技术政策，应当充分考虑对环境的影响，听取有关方面和专家的意见。

（四）填空题

1. 6；5。(《环境保护法》第 12 条)
2. 限制生产；停产整治。(《环境保护法》第 60 条)
3. 不公开；不如实公开。(《环境保护法》第 62 条)
4. 分类放置。(《环境保护法》第 38 条)
5. 排放方式；防治污染设施。(《环境保护法》第 55 条)

（五）简答题

答：根据《环境保护法》第 58 条规定，对污染环境、破坏生态，损害社会公共利益的行为，符合下列条件的社会组织可以向人民法院提起诉讼：

(1) 依法在设区的市级以上人民政府民政部门登记；

(2) 专门从事环境保护公益活动连续 5 年以上且无违法记录。

十三、刑　法

（一）判断题

1. 对任何人犯罪，在适用法律上一律平等。不允许任何人有超越法律的特权。（　）
2. 过失犯罪应当负刑事责任。（　）
3. 已经着手实行犯罪，由于犯罪分子意志以外的原因而未得逞的，是犯罪未遂。（　）
4. 教唆不满18周岁的人犯罪的，应当从重处罚。如果被教唆的人年满18岁，对于教唆犯，可以从轻或者减轻处罚。（　）
5. 被判处拘役的犯罪分子，由公安机关就近执行，执行期间不得回家。（　）
6. 判处管制附加剥夺政治权利的，剥夺政治权利的期限与管制的期限相等，刑期自管制执行完毕之日起计算。（　）
7. 用于扶贫和其他公益事业的社会捐助或者专项基金的财产属于公共财产。（　）
8. 违反爆炸性、易燃性、放射性、毒害性、腐蚀性物品的管理规定，在生产、储存、运输、使用中发生重大事故，造成特别严重后果的，处3年以下有期徒刑或者拘役。（　）
9. 违反消防管理法规，造成严重后果的，对直接责任人员，处3年以下有期徒刑或者拘役；后果特别严重的，处3年以上

7年以下有期徒刑。（　　）

10. 强令他人违章冒险作业，或者明知存在重大事故隐患而不排除，仍冒险组织作业，因而发生重大伤亡事故或者造成其他严重后果的，处5年以下有期徒刑或者拘役；情节特别恶劣的，处5年以上有期徒刑。（　　）

（二）单项选择题

1. 外国人在中华人民共和国领域外对（　　）犯罪，而按《刑法》规定的最低刑为3年以上有期徒刑的，可以适用《刑法》，但是按照（　　）的法律不受处罚的除外。
   A. 中华人民共和国国家或者公民；犯罪地
   B. 中华人民共和国国家；国籍国
   C. 中华人民共和国公民；中华人民共和国
   D. 中华人民共和国公民；犯罪地

2. 享有外交特权和豁免权的外国人的刑事责任，通过（　　）解决。
   A. 所在国法律　　　　B. 外交途径
   C. 犯罪地法律　　　　D. 派遣国法律

3. （　　），因而构成犯罪的，是故意犯罪。
   A. 应当预见自己的行为可能发生危害社会的结果，因为疏忽大意而没有预见
   B. 已经预见自己的行为可能发生危害社会的结果，而轻信能够避免
   C. 由于不能抗拒或者不能预见的原因引起的危害社会的结果

D. 明知自己的行为会发生危害社会的结果，并且希望或者放任这种结果发生

4. （　　）的人，犯故意杀人、故意伤害致人重伤或者死亡、强奸、抢劫、贩卖毒品、放火、爆炸、投放危险物质罪的，应当负刑事责任。

　　A. 已满 12 周岁　　　　　　B. 不满 16 周岁
　　C. 已满 14 周岁不满 16 周岁　D. 不满 14 周岁

5. 精神病人在不能辨认或者不能控制自己行为的时候造成危害结果，（　　），不负刑事责任。

　　A. 有证人可以证明的
　　B. 有专家或者相关学术观点可以证明的
　　C. 经法定程序鉴定确认的
　　D. 获得被害人家属谅解的

6. 对正在进行行凶、（　　）以及其他严重危及人身安全的暴力犯罪，采取防卫行为，造成不法侵害人伤亡的，不属于防卫过当，不负刑事责任。

　　A. 杀人、抢劫、强奸、绑架
　　B. 杀人、抢夺、强奸、绑架
　　C. 杀人、抢夺、强奸、非法拘禁
　　D. 杀人、抢劫、强奸、非法拘禁

7. 对于被胁迫参加犯罪的，应当按照（　　）减轻处罚或者免除处罚。

　　A. 他的犯罪情节
　　B. 集团所犯的全部罪行
　　C. 他所参与的全部犯罪

D. 能够查明的全部集团所犯罪行

8. 以下不是附加刑的是：（　　）

　　A. 罚金　　　　　　　　B. 剥夺政治权利
　　C. 拘役　　　　　　　　D. 没收财产

9. 因利用职业便利实施犯罪，或者实施违背职业要求的特定义务的犯罪被判处刑罚的，人民法院可以根据犯罪情况和预防再犯罪的需要，禁止其自刑罚执行完毕之日或者假释之日起从事相关职业，期限为（　　）。

　　A. 3个月至6个月　　　　B. 6个月至1年
　　C. 1年至2年　　　　　　D. 3年至5年

10. 拘役的期限为（　　）。

　　A. 1个月以上3个月以下
　　B. 3个月以上6个月以下
　　C. 6个月以上1年以下
　　D. 1个月以上6个月以下

11. 下列不属于人民法院对被判处死刑缓期执行的犯人限制减刑的情况的是：（　　）

　　A. 被判处死刑缓期执行的累犯
　　B. 因故意杀人被判处死刑缓期执行的犯罪分子
　　C. 因贪污罪被判处死刑缓期执行的犯罪分子
　　D. 因有组织的暴力性犯罪被判处死刑缓期执行的犯罪分子

12. 对于不能全部缴纳罚金的，人民法院在（　　）发现被执行人有可以执行的财产，应当（　　）追缴。

　　A. 执行期届满后；不得
　　B. 执行期届满后；继续

C. 任何时候；随时

D. 任何时候；经法院裁定后

13. 犯罪分子虽然不具有《刑法》规定的减轻处罚情节，但是根据案件的特殊情况，经最高人民法院（　　），也可以在法定刑以下判处刑罚。

A. 核准　　　　　　　　B. 批准

C. 判决　　　　　　　　D. 裁决

14. 被判处有期徒刑以上刑罚的犯罪分子，刑罚执行完毕或者赦免以后，在（　　）以内再犯应当判处有期徒刑以上刑罚之罪的，是累犯，应当从重处罚。

A. 2年　　　　　　　　B. 3年

C. 5年　　　　　　　　D. 10年

15. 对于犯罪分子的减刑，由执行机关向（　　）提出减刑建议书。

A. 最高人民法院　　　　B. 高级人民法院

C. 原审法院的上级人民法院　D. 中级以上人民法院

16. 有期徒刑的假释考验期限，为（　　）；无期徒刑的假释考验期限为（　　）。假释考验期限，从假释之日起计算。

A. 没有执行完毕的刑期；10年

B. 原判刑期1/3的刑期；没有执行完毕的刑期

C. 原判刑期1/2的刑期；10年

D. 10年；10年

17. 在生产、作业中违反有关安全管理的规定，因而发生重大伤亡事故或者造成其他严重后果的，处以何种惩罚？（　　）

A. 处 3 年以下有期徒刑或者拘役

B. 处 3 年以上 7 年以下有期徒刑

C. 处 5 年以下有期徒刑或者拘役

D. 处 5 年以上有期徒刑

18. 下列哪个选项不是危险作业罪的法定刑种？（   ）

A. 有期徒刑　　　　　B. 无期徒刑

C. 拘役　　　　　　　D. 管制

（三）多项选择题

1. 中华人民共和国刑法的任务，是用刑罚同一切犯罪行为作斗争，以保卫国家安全，保卫人民民主专政的政权和社会主义制度，（   ），保障社会主义建设事业的顺利进行。

A. 保护国有财产和劳动群众集体所有的财产

B. 维护社会秩序、经济秩序

C. 保护公民私人所有的财产

D. 保护公民的人身权利、民主权利和其他权利

2. 一切（   ）的行为，依照法律应当受刑罚处罚的，都是犯罪，但是情节显著轻微危害不大的，不认为是犯罪。

A. 危害国家主权、领土完整和安全

B. 分裂国家、颠覆人民民主专政的政权和推翻社会主义制度

C. 破坏社会秩序和经济秩序

D. 侵犯国有财产或者劳动群众集体所有的财产

3. （   ），因而犯罪的，是故意犯罪。故意犯罪，应当负刑事责任。

A. 明知自己的行为会发生危害社会的结果，并且希望这种结果发生

B. 已经预见自己的行为可能发生危害社会的结果，但轻信能够避免

C. 明知自己的行为会发生危害社会的结果，并且放任这种结果发生

D. 应当预见自己的行为可能发生危害社会的结果，但因疏忽大意而没有预见

4. 为了犯罪，（　　）的，是犯罪预备。

　　A. 萌生犯意　　　　　　B. 准备工具

　　C. 制造条件　　　　　　D. 着手实行

5. （　　）的，是主犯。

　　A. 组织犯罪集团进行犯罪活动

　　B. 领导犯罪集团进行犯罪活动

　　C. 积极参与犯罪集团的犯罪活动

　　D. 在共同犯罪中起主要作用

6. 对于犯罪的外国人，可以（　　）驱逐出境。

　　A. 独立适用　　　　　　B. 附加适用

　　C. 法律另有规定时适用　D. 不得适用

7. 被判处管制的犯罪分子，管制期满，执行机关应即向（　　）宣布解除管制。

　　A. 本人

　　B. 受害人或受害人家属

　　C. 其所在单位或者居住地群众

　　D. 其近亲属

十三、刑 法

8. 判处死刑缓期执行的,在死刑缓期执行期间,(　　)。
   A. 如果没有故意犯罪,二年期满以后,减为无期徒刑
   B. 如果确有重大立功表现,二年期满以后,减为25年有期徒刑
   C. 如果确有重大立功表现,二年期满以后,减为20年有期徒刑
   D. 如果故意犯罪,情节恶劣的,报请最高人民法院核准后执行死刑

9. 剥夺政治权利是剥夺(　　)。
   A. 选举权和被选举权
   B. 言论、出版、集会、结社、游行、示威自由的权利
   C. 担任国家机关职务的权利
   D. 担任国有公司、企业、事业单位和人民团体领导职务的权利

10. 危害(　　)的犯罪分子,在刑罚执行完毕或者赦免以后,在任何时候再犯上述任一类罪的,都以累犯论处。
    A. 国家安全犯罪   B. 毒品类犯罪
    C. 恐怖活动犯罪   D. 黑社会性质的组织犯罪

11. 对于被判处拘役、3年以下有期徒刑的犯罪分子,同时符合(　　)的,可以宣告缓刑。
    A. 犯罪情节较轻
    B. 有悔罪表现
    C. 没有再犯罪的危险
    D. 宣告缓刑对所居住社区没有重大不良影响

12. 在(　　)以后,逃避侦查或者审判的,不受追诉期限的

限制。

A. 人民检察院受理案件

B. 人民法院受理案件

C. 公安机关立案侦查

D. 国家安全机关立案侦查

13. 下列哪些情形对直接负责的主管人员和其他直接责任人员，处3年以下有期徒刑或者拘役？（　　）

A. 安全生产设施或者安全生产条件不符合国家规定，因而发生重大伤亡事故或者造成其他严重后果的

B. 举办大型群众性活动违反安全管理规定，因而发生重大伤亡事故或者造成其他严重后果的

C. 强令他人违章冒险作业，或者明知存在重大事故隐患而不排除，仍冒险组织作业，因而发生重大伤亡事故或者造成其他严重后果的

D. 建设单位、设计单位、施工单位、工程监理单位违反国家规定，降低工程质量标准，造成重大安全事故的

14. 违反具有下列哪些性质的物品的管理规定，在生产、储存、运输、使用中发生重大事故，造成严重后果的，构成危险物品肇事罪？（　　）

A. 爆炸性 　　　　　　B. 易燃性

C. 放射性 　　　　　　D. 毒害性

15. 下列哪些单位违反国家规定，降低工程质量标准，造成重大安全事故的，构成重大安全事故罪？（　　）

A. 建设单位 　　　　　B. 设计单位

C. 施工单位 　　　　　D. 工程监理单位

(四) 填空题

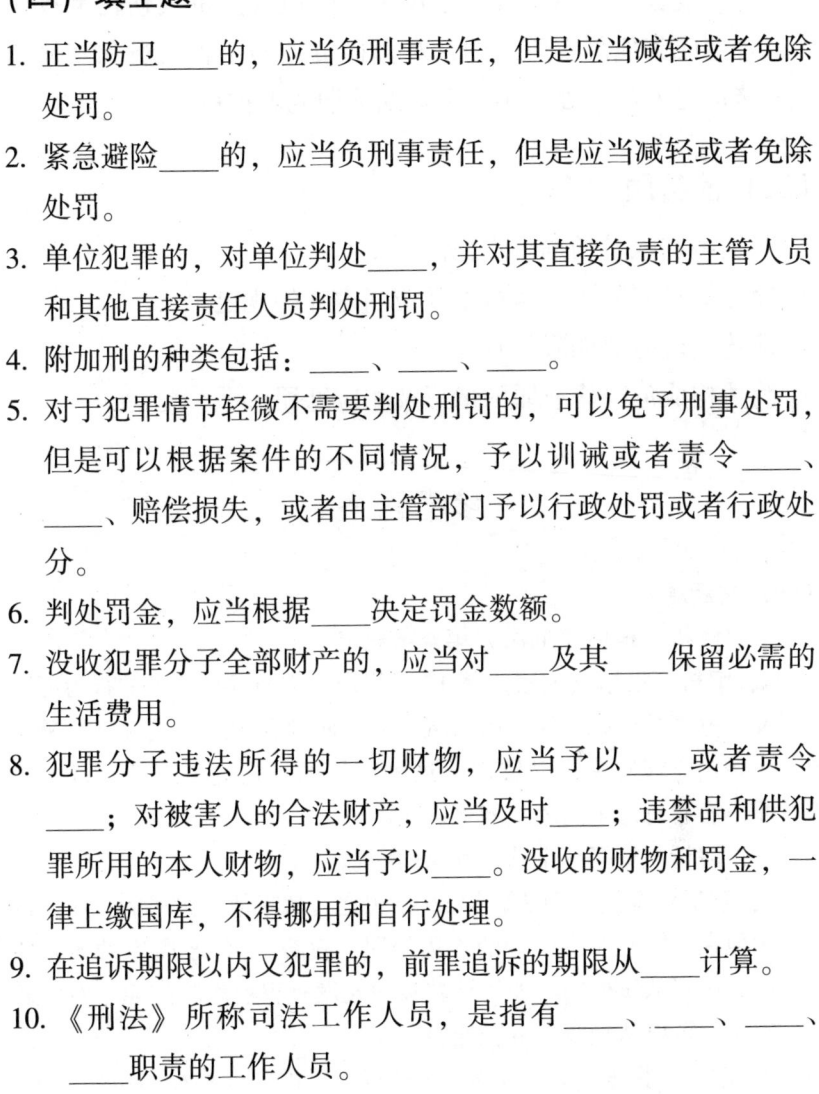

1. 正当防卫____的，应当负刑事责任，但是应当减轻或者免除处罚。
2. 紧急避险____的，应当负刑事责任，但是应当减轻或者免除处罚。
3. 单位犯罪的，对单位判处____，并对其直接负责的主管人员和其他直接责任人员判处刑罚。
4. 附加刑的种类包括：____、____、____。
5. 对于犯罪情节轻微不需要判处刑罚的，可以免予刑事处罚，但是可以根据案件的不同情况，予以训诫或者责令____、____、赔偿损失，或者由主管部门予以行政处罚或者行政处分。
6. 判处罚金，应当根据____决定罚金数额。
7. 没收犯罪分子全部财产的，应当对____及其____保留必需的生活费用。
8. 犯罪分子违法所得的一切财物，应当予以____或者责令____；对被害人的合法财产，应当及时____；违禁品和供犯罪所用的本人财物，应当予以____。没收的财物和罚金，一律上缴国库，不得挪用和自行处理。
9. 在追诉期限以内又犯罪的，前罪追诉的期限从____计算。
10. 《刑法》所称司法工作人员，是指有____、____、____、____职责的工作人员。
11. 在安全事故发生后，____的人员不报或者谎报事故情况，贻误事故抢救，情节严重的，处3年以下有期徒刑或者拘役；情节特别严重的，处3年以上7年以下有期徒刑。
12. ____或者____不符合国家规定，因而发生重大伤亡事故或者造成其他严重后果的，对直接负责的主管人员和其他直接责任人员，处3年以下有期徒刑或者拘役。

（五）简答题

1. 简述特殊人员的刑事责任能力。
2. 简述被管制罪犯在执行期间应当遵守的规定。
3. 简述追诉时效期限的延长。
4. 简述构成危险作业罪的情形及相应惩罚。

参考答案

（一）判断题

1. √，解析：根据《刑法》第4条规定。
2. ×，解析：根据《刑法》第15条规定，应当预见自己的行为可能发生危害社会的结果，因为疏忽大意而没有预见，或者已经预见而轻信能够避免，以致发生这种结果的，是过失犯罪。过失犯罪，法律有规定的才负刑事责任。
3. √，解析：根据《刑法》第23条规定。
4. ×，解析：根据《刑法》第29条规定，教唆他人犯罪的，应当按照他在共同犯罪中所起的作用处罚。教唆不满18周岁的人犯罪的，应当从重处罚。如果被教唆的人没有犯被教唆的罪，对于教唆犯，可以从轻或者减轻处罚。
5. ×，解析：根据《刑法》第43条规定，被判处拘役的犯罪分子，由公安机关就近执行。在执行期间，被判处拘役的犯罪分子每月可以回家1天至2天；参加劳动的，可以酌量发给报酬。

6. ×，解析：根据《刑法》第 55 条规定，剥夺政治权利的期限，除本法第 57 条规定外，为 1 年以上 5 年以下。判处管制附加剥夺政治权利的，剥夺政治权利的期限与管制的期限相等，同时执行。

7. √，解析：根据《刑法》第 91 条规定。

8. ×，解析：根据《刑法》第 136 条规定，违反爆炸性、易燃性、放射性、毒害性、腐蚀性物品的管理规定，在生产、储存、运输、使用中发生重大事故，造成严重后果的，处 3 年以下有期徒刑或者拘役；后果特别严重的，处 3 年以上 7 年以下有期徒刑。

9. √，解析：根据《刑法》第 139 条规定。

10. √，解析：根据《刑法》第 134 条规定。

（二）单项选择题

1. A，解析：根据《刑法》第 8 条规定，外国人在中华人民共和国领域外对中华人民共和国国家或者公民犯罪，而按本法规定的最低刑为 3 年以上有期徒刑的，可以适用本法，但是按照犯罪地的法律不受处罚的除外。

2. B，解析：根据《刑法》第 11 条规定，享有外交特权和豁免权的外国人的刑事责任，通过外交途径解决。

3. D，解析：根据《刑法》第 14 条规定，明知自己的行为会发生危害社会的结果，并且希望或者放任这种结果发生，因而构成犯罪的，是故意犯罪。故意犯罪，应当负刑事责任。

4. C，解析：根据《刑法》第 17 条第 2 款规定，已满 14 周岁不满 16 周岁的人，犯故意杀人、故意伤害致人重伤或者死亡、强奸、抢劫、贩卖毒品、放火、爆炸、投放危险物质罪的，应当负刑事责任。

5. C，解析：根据《刑法》第 18 条规定，精神病人在不能辨认或者不能控制自己行为的时候造成危害结果，经法定程序鉴定确认的，不负刑事责任，但是应当责令他的家属或者监护人严加看管和医疗；在必要的时候，由政府强制医疗。间歇性的精神病人在精神正常的时候犯罪，应当负刑事责任。尚未完全丧失辨认或者控制自己行为能力的精神病人犯罪的，应当负刑事责任，但是可以从轻或者减轻处罚。醉酒的人犯罪，应当负刑事责任。

6. A，解析：根据《刑法》第20条规定，为了使国家、公共利益、本人或者他人的人身、财产和其他权利免受正在进行的不法侵害，而采取的制止不法侵害的行为，对不法侵害人造成损害的，属于正当防卫，不负刑事责任。正当防卫明显超过必要限度造成重大损害的，应当负刑事责任，但是应当减轻或者免除处罚。对正在进行行凶、杀人、抢劫、强奸、绑架以及其他严重危及人身安全的暴力犯罪，采取防卫行为，造成不法侵害人伤亡的，不属于防卫过当，不负刑事责任。

7. A，解析：根据《刑法》第28条规定，对于被胁迫参加犯罪的，应当按照他的犯罪情节减轻处罚或者免除处罚。

8. C，解析：根据《刑法》第34条规定，附加刑的种类如下：（1）罚金；（2）剥夺政治权利；（3）没收财产。附加刑也可以独立适用。

9. D，解析：根据《刑法》第37条之一规定，因利用职业便利实施犯罪，或者实施违背职业要求的特定义务的犯罪被判处刑罚的，人民法院可以根据犯罪情况和预防再犯罪的需要，禁止其自刑罚执行完毕之日或者假释之日起从事相关职业，期限为3年至5年。被禁止从事相关职业的人违反人民法院依照前款规定作出的决定的，由公安机关依法给予处罚；情节严重的，依照本法第313条的规定定罪处罚。其他法律、行政法规对其从事相关职业另有禁止或者限制性规定的，从其规定。

10. D，解析：根据《刑法》第42条规定，拘役的期限，为1个月以上6个月以下。

11. C，解析：根据《刑法》第50条规定，判处死刑缓期执行的，

十三、刑　法

在死刑缓期执行期间,如果没有故意犯罪,二年期满以后,减为无期徒刑;如果确有重大立功表现,二年期满以后,减为25年有期徒刑;如果故意犯罪,情节恶劣的,报请最高人民法院核准后执行死刑;对于故意犯罪未执行死刑的,死刑缓期执行的期间重新计算,并报最高人民法院备案。对被判处死刑缓期执行的累犯以及因故意杀人、强奸、抢劫、绑架、放火、爆炸、投放危险物质或者有组织的暴力性犯罪被判处死刑缓期执行的犯罪分子,人民法院根据犯罪情节等情况可以同时决定对其限制减刑。

12. C,解析:根据《刑法》第53条规定,罚金在判决指定的期限内一次或者分期缴纳。期满不缴纳的,强制缴纳。对于不能全部缴纳罚金的,人民法院在任何时候发现被执行人有可以执行的财产,应当随时追缴。由于遭遇不能抗拒的灾祸等原因缴纳确实有困难的,经人民法院裁定,可以延期缴纳、酌情减少或者免除。

13. A,解析:根据《刑法》第63条规定,犯罪分子具有本法规定的减轻处罚情节的,应当在法定刑以下判处刑罚;本法规定有数个量刑幅度的,应当在法定量刑幅度的下一个量刑幅度内判处刑罚。犯罪分子虽然不具有本法规定的减轻处罚情节,但是根据案件的特殊情况,经最高人民法院核准,也可以在法定刑以下判处刑罚。

14. C,解析:根据《刑法》第65条规定,被判处有期徒刑以上刑罚的犯罪分子,刑罚执行完毕或者赦免以后,在5年以内再犯应当判处有期徒刑以上刑罚之罪的,是累犯,应当从重处罚,但是过失犯罪和不满18周岁的人犯罪的除外。前款规定的期限,对于被假释的犯罪分子,从假释期满之日起计算。

15. D,解析:根据《刑法》第79条规定,对于犯罪分子的减刑,由执行机关向中级以上人民法院提出减刑建议书。人民法院应当组成合议庭进行审理，对确有悔改或者立功事实的，裁定予以减刑。非经法定程序不得减刑。

16. A，解析：根据《刑法》第83条规定，有期徒刑的假释考验期限，为没有执行完毕的刑期；无期徒刑的假释考验期限为10年。假释考验期限，从假释之日起计算。

17. A，解析：根据《刑法》第134条规定，在生产、作业中违反有关安全管理的规定，因而发生重大伤亡事故或者造成其他严重后果的，处3年以下有期徒刑或者拘役；情节特别恶劣的，处3年以上7年以下有期徒刑。

18. B，解析：根据《刑法》第134条之一规定，在生产、作业中违反有关安全管理的规定，有下列情形之一，具有发生重大伤亡事故或者其他严重后果的现实危险的，处1年以下有期徒刑、拘役或者管制：……

（三）多项选择题

1. ABCD，解析：根据《刑法》第2条规定，中华人民共和国刑法的任务，是用刑罚同一切犯罪行为作斗争，以保卫国家安全，保卫人民民主专政的政权和社会主义制度，保护国有财产和劳动群众集体所有的财产，保护公民私人所有的财产，保护公民的人身权利、民主权利和其他权利，维护社会秩序、经济秩序，保障社会主义建设事业的顺利进行。

2. ABCD，解析：根据《刑法》第13条规定，一切危害国家主权、领土完整和安全，分裂国家、颠覆人民民主专政的政权和推翻社会主义制度，破坏社会秩序和经济秩序，侵犯国有财产或者劳动群众集体所有的财产，侵犯公民私人所有的财产，侵犯公民的人身权利、民主权利和其他权利，以及其他危害社会的行为，依照法律应当受刑罚处罚的，都是犯罪，但是情节显著轻微危害不大的，不认为是犯罪。

3. AC，解析：根据《刑法》第14条规定，明知自己的行为会发生

十三、刑　法

　　危害社会的结果，并且希望或者放任这种结果发生，因而构成犯罪的，是故意犯罪。故意犯罪，应当负刑事责任。

4. BC，解析：根据《刑法》第 22 条规定，为了犯罪，准备工具、制造条件的，是犯罪预备。对于预备犯，可以比照既遂犯从轻、减轻处罚或者免除处罚。

5. ABD，解析：根据《刑法》第 26 条规定，组织、领导犯罪集团进行犯罪活动的或者在共同犯罪中起主要作用的，是主犯。3 人以上为共同实施犯罪而组成的较为固定的犯罪组织，是犯罪集团。对组织、领导犯罪集团的首要分子，按照集团所犯的全部罪行处罚。对于第 3 款规定以外的主犯，应当按照其所参与的或者组织、指挥的全部犯罪处罚。

6. AB，解析：根据《刑法》第 35 条规定，对于犯罪的外国人，可以独立适用或者附加适用驱逐出境。

7. AC，解析：根据《刑法》第 40 条规定，被判处管制的犯罪分子，管制期满，执行机关应即向本人和其所在单位或者居住地的群众宣布解除管制。

8. ABD，解析：根据《刑法》第 50 条规定，判处死刑缓期执行的，在死刑缓期执行期间，如果没有故意犯罪，二年期满以后，减为无期徒刑；如果确有重大立功表现，二年期满以后，减为 25 年有期徒刑；如果故意犯罪，情节恶劣的，报请最高人民法院核准后执行死刑；对于故意犯罪未执行死刑的，死刑缓期执行的期间重新计算，并报最高人民法院备案。对被判处死刑缓期执行的累犯以及因故意杀人、强奸、抢劫、绑架、放火、爆炸、投放危险物质或者有组织的暴力性犯罪被判处死刑缓期执行的犯罪分子，人民法院根据犯罪情节等情况可以同时决定对其限制减刑。

9. ABCD，解析：根据《刑法》第 54 条规定，剥夺政治权利是剥夺下列权利：（1）选举权和被选举权；（2）言论、出版、集会、结社、游行、示威自由的权利；（3）担任国家机关职务的权利；

（4）担任国有公司、企业、事业单位和人民团体领导职务的权利。

10. ACD，解析：根据《刑法》第66条规定，危害国家安全犯罪、恐怖活动犯罪、黑社会性质的组织犯罪的犯罪分子，在刑罚执行完毕或者赦免以后，在任何时候再犯上述任一类罪的，都以累犯论处。

11. ABCD，解析：根据《刑法》第72条规定，对于被判处拘役、3年以下有期徒刑的犯罪分子，同时符合下列条件的，可以宣告缓刑，对其中不满18周岁的人、怀孕的妇女和已满75周岁的人，应当宣告缓刑：（1）犯罪情节较轻；（2）有悔罪表现；（3）没有再犯罪的危险；（4）宣告缓刑对所居住社区没有重大不良影响。宣告缓刑，可以根据犯罪情况，同时禁止犯罪分子在缓刑考验期限内从事特定活动，进入特定区域、场所，接触特定的人。被宣告缓刑的犯罪分子，如果被判处附加刑，附加刑仍须执行。

12. BCD，解析：根据《刑法》第88条规定，在人民检察院、公安机关、国家安全机关立案侦查或者在人民法院受理案件以后，逃避侦查或者审判的，不受追诉期限的限制。被害人在追诉期限内提出控告，人民法院、人民检察院、公安机关应当立案而不予立案的，不受追诉期限的限制。

13. AB，解析：根据《刑法》第135条规定，安全生产设施或者安全生产条件不符合国家规定，因而发生重大伤亡事故或者造成其他严重后果的，对直接负责的主管人员和其他直接责任人员，处3年以下有期徒刑或者拘役；情节特别恶劣的，处3年以上7年以下有期徒刑。

根据《刑法》第135条之一规定，举办大型群众性活动违反安全管理规定，因而发生重大伤亡事故或者造成其他严重后果的，对直接负责的主管人员和其他直接责任人员，处3年以下有期徒刑或者拘役；情节特别恶劣的，处 3 年以上 7 年以下有期徒刑。

根据《刑法》第 134 条规定，强令他人违章冒险作业，或者明知存在重大事故隐患而不排除，仍冒险组织作业，因而发生重大伤亡事故或者造成其他严重后果的，处 5 年以下有期徒刑或者拘役；情节特别恶劣的，处 5 年以上有期徒刑。

根据《刑法》第 137 条规定，建设单位、设计单位、施工单位、工程监理单位违反国家规定，降低工程质量标准，造成重大安全事故的，对直接责任人员，处 5 年以下有期徒刑或者拘役，并处罚金；后果特别严重的，处 5 年以上 10 年以下有期徒刑，并处罚金。

14. ABCD，根据《刑法》第 136 条规定，违反爆炸性、易燃性、放射性、毒害性、腐蚀性物品的管理规定，在生产、储存、运输、使用中发生重大事故，造成严重后果的，处 3 年以下有期徒刑或者拘役；后果特别严重的，处 3 年以上 7 年以下有期徒刑。

15. ABCD，根据《刑法》第 137 条规定，建设单位、设计单位、施工单位、工程监理单位违反国家规定，降低工程质量标准，造成重大安全事故的，对直接责任人员，处 5 年以下有期徒刑或者拘役，并处罚金；后果特别严重的，处 5 年以上 10 年以下有期徒刑，并处罚金。

(四) 填空题

1. 明显超过必要限度造成重大损害。(《刑法》第 20 条)
2. 超过必要限度造成不应有的损害。(《刑法》第 21 条)
3. 罚金。(《刑法》第 31 条)
4. 罚金；剥夺政治权利；没收财产。(《刑法》第 34 条)
5. 具结悔过；赔礼道歉。(《刑法》第 37 条)
6. 犯罪情节。(《刑法》第 52 条)
7. 犯罪分子个人；扶养的家属。(《刑法》第 59 条)
8. 追缴；退赔；返还；没收。(《刑法》第 64 条)

9. 犯后罪之日起。(《刑法》第 89 条)

10. 侦查；检察；审判；监管。(《刑法》第 94 条)

11. 负有报告职责。(《刑法》第 139 条之一)

12. 安全生产设施；安全生产条件。(《刑法》第 135 条)

(五) 简答题

1. 答：根据《刑法》第 18 条规定，精神病人在不能辨认或者不能控制自己行为的时候造成危害结果，经法定程序鉴定确认的，不负刑事责任，但是应当责令他的家属或者监护人严加看管和医疗；在必要的时候，由政府强制医疗。间歇性的精神病人在精神正常的时候犯罪，应当负刑事责任。尚未完全丧失辨认或者控制自己行为能力的精神病人犯罪的，应当负刑事责任，但是可以从轻或者减轻处罚。醉酒的人犯罪，应当负刑事责任。

2. 答：根据《刑法》第 39 条规定，被判处管制的犯罪分子，在执行期间，应当遵守下列规定：

    (1) 遵守法律、行政法规，服从监督；

    (2) 未经执行机关批准，不得行使言论、出版、集会、结社、游行、示威自由的权利；

    (3) 按照执行机关规定报告自己的活动情况；

    (4) 遵守执行机关关于会客的规定；

    (5) 离开所居住的市、县或者迁居，应当报经执行机关批准。对于被判处管制的犯罪分子，在劳动中应当同工同酬。

3. 答：根据《刑法》第 88 条规定，在人民检察院、公安机关、国家安全机关立案侦查或者在人民法院受理案件以后，逃避侦查或者审判的，不受追诉期限的限制。被害人在追诉期限内提出控告，人民法院、人民检察院、公安机关应当立案而不予立案的，不受追诉期限的限制。

4. 答：根据《刑法》第 134 条之一，在生产、作业中违反有关安全管理的规定，有下列情形之一，具有发生重大伤亡事故或者其他

严重后果的现实危险的,处 1 年以下有期徒刑、拘役或者管制:

(1) 关闭、破坏直接关系生产安全的监控、报警、防护、救生设备、设施,或者篡改、隐瞒、销毁其相关数据、信息的;

(2) 因存在重大事故隐患被依法责令停产停业、停止施工、停止使用有关设备、设施、场所或者立即采取排除危险的整改措施,而拒不执行的;

(3) 涉及安全生产的事项未经依法批准或者许可,擅自从事矿山开采、金属冶炼、建筑施工,以及危险物品生产、经营、储存等高度危险的生产作业活动的。

图书在版编目（CIP）数据

煤矿安全生产普法知识题集／中国法制出版社编
．—北京：中国法制出版社，2024.6
（普法知识题集系列）
ISBN 978-7-5216-4289-6

Ⅰ.①煤… Ⅱ.①中… Ⅲ.①煤矿-安全生产-条例-中国-习题集 Ⅳ.①D922.54-44

中国国家版本馆 CIP 数据核字（2024）第 050833 号

责任编辑：刘海龙　　　　　　　　　　　　　　封面设计：李　宁

煤矿安全生产普法知识题集
MEIKUANG ANQUAN SHENGCHAN PUFA ZHISHI TIJI

经销/新华书店
印刷/三河市国英印务有限公司
开本/880 毫米×1230 毫米　32 开　　　　　印张/ 5　字数/ 93 千
版次/2024 年 6 月第 1 版　　　　　　　　　2024 年 6 月第 1 次印刷

中国法制出版社出版
书号 ISBN 978-7-5216-4289-6　　　　　　　定价：19.00 元

北京市西城区西便门西里甲 16 号西便门办公区
邮政编码：100053　　　　　　　　　传真：010-63141600
网址：http：//www.zgfzs.com　　　　编辑部电话：010-63141814
市场营销部电话：010-63141612　　　印务部电话：010-63141606

（如有印装质量问题，请与本社印务部联系。）